西安外国语大学学术著作出版专项资助

西安外国语大学经济金融学院应用经济学博

U0694802

国际贸易救济与外商直接投资的相互影响研究

基于贸易投资重叠性视角的影响机理与对策

On the Mutual Influences between International Trade
Remedies and Foreign Direct Investment (FDI) ：
An Overlapping of the International Trade and FDI Perspective

党军/著

经济管理出版社

ECONOMY & MANAGEMENT PUBLISHING HOUSE

图书在版编目（CIP）数据

国际贸易救济与外商直接投资的相互影响研究：基于贸易投资重叠性视角的影响机理与对策/党军著. —北京：经济管理出版社，2020.11

ISBN 978 - 7 - 5096 - 7407 - 9

Ⅰ.①国… Ⅱ.①党… Ⅲ.①外商直接投资—关系—保护贸易—研究 Ⅳ.①F832.6 ②F741.2

中国版本图书馆 CIP 数据核字（2020）第 158089 号

组稿编辑：张巧梅
责任编辑：张巧梅
责任印制：黄章平
责任校对：张晓燕

出版发行：经济管理出版社
　　　　　（北京市海淀区北蜂窝 8 号中雅大厦 A 座 11 层　100038）
网　　　址：www. E - mp. com. cn
电　　　话：（010）51915602
印　　　刷：唐山昊达印刷有限公司
经　　　销：新华书店
开　　　本：720mm × 1000mm/16
印　　　张：11.75
字　　　数：185 千字
版　　　次：2020 年 11 月第 1 版　　2020 年 11 月第 1 次印刷
书　　　号：ISBN 978 - 7 - 5096 - 7407 - 9
定　　　价：78.00 元

序　一

国际贸易与国际投资是"二战"后促进世界经济增长的主要因素之一。但是，自 20 世纪 90 年代以来，随着国际经济交往的加深，全球性的经济周期也更频繁并出现更迭。国际贸易虽然开始由发达国家引领，发展中国家跟进，但经济周期使各国不得不关注国内的就业与工资问题，从而导致贸易受到保护主义的不断冲击，一度也出现了以国际直接投资代替出口跨越贸易壁垒的倾向。由此，国际贸易与国际直接投资（FDI）在产业分布、区位选择等方面出现了重叠化。这一重叠化使原来分属不同理论体系的两类经济活动有机地联系在了一起，因此传统理论框架下国际贸易与 FDI 分开来单独研究是不够的。党军博士的著作——《国际贸易救济与外商直接投资的相互影响研究》敏锐地从贸易投资重叠性这一独特的视角进行研究，客观地反映了国际经济现实。

总体来看，本书有以下几个特点：

（1）作者完整地提出了"贸易投资重叠性"的概念，并对其内涵及其与贸易投资一体化、产品内分工等概念的联系进行了分析比较。本书运用四个层次的矩阵法深入分析了国际贸易与国际投资、反倾销产品和投资品、进口反倾销涉及产业与投资产业目录，以及外国对中国反倾销部分产品与外商对华投资产品的重叠性。这几部分是当前国际贸易摩擦的分布与跨国公司的全球垂直一体化生产网络的重叠性的突出表现，也是理解和解决纷繁复杂的国际贸易摩擦的一个新的突破口。这一视角在当前学术界仍属少见。

（2）作者建立了三种政策目标诉求下的东道国收益分析，在大国情形下构建了以反倾销为代表的贸易救济与直接投资相互作用的分析框架。本书运用福利函数分析了东道国在寻求产业安全、追求跨国公司 FDI 数量和协调两种政策利益三种情况下的福利变化，得出了只有协调化的政策目标下东道国福利才能实现最大化的结论。这是 10 多年前得出的结论，如今仍有其独特的价值，这里已经内含了习近平总书记最新提出的"以国内大循环为主，内外循环协调发展的"观点的内在基因，可谓是见解独到，有先见之明。

（3）本书探索了反倾销与 FDI 的相互作用机理，把要素可流动和成本可转移作为联结贸易与投资的核心概念。本书在贸易投资重叠化的背景下，以追求协调反倾销与外商直接投资利益为目标，分析了反倾销与外商直接投资的动态及双向循环作用机理。分析发现，反倾销效应的不确定性就是因为当前跨国公司在其全球生产网络中转移成本，并化解反倾销威胁和损失的结果。当然，继发性的反倾销将会使国际贸易摩擦升级，并陷入相互报复的恶性循环中。

（4）本书分析了贸易投资重叠性条件下的反倾销与跨国公司的垂直型直接投资相互影响的微观机理，引入了国家间的产品内分工市场结构（垂直化结构）和跨国公司的战略反应的影响。跨国公司在东道国市场份额因素的影响可以解释反倾销效应"耗减"的现象。本书进而分析了反倾销与直接投资条件下的收益，在贸易投资重叠性基础上，针对协调反倾销和直接投资收益，提出实施"中性化"的对外经贸政策的对策建议。这些建议对当前我国应对复杂的国际经贸形势很有借鉴之处。

当然，由于本书框架所限，文中并未包括中美经贸关系的内容。我建议今后专门从国际贸易与国际直接投资重叠性视角来解读中美经贸关系，想必会得到更多独特的结论和有价值的对策建议。当前，波诡云谲的国际经贸形势为后续研究提供了丰富和鲜活的素材，我期待党军博士的后续研究及优秀成果。

我与党军博士 2010 年结识于美国斯坦福大学经济政策研究中心，这十几年来一直保持着密切的学术联系，对该书的观点其实在美国时就有过交流。今日本书得以出版，甚是高兴，是以为序。

赵来勋教授

日本神户大学经济经营研究所

2020 年 9 月 16 日

序 二

党军教授所著的《国际贸易救济与外商直接投资的相互影响研究》一书是在其博士论文基础上修改完善而来的。光阴荏苒，岁月如梭，我仍然依稀记得在该书的选题、写作和反复修改过程中他所付出的努力。党军教授作为一个具有外语、国际政治学背景的学者，在当初攻读经济学博士学位时，他付出的努力却是经济学科班出身学生的数倍，同时还要兼顾工作和学习，其艰辛程度可想而知。

总体来看，本书有以下几个特点：

（1）该书系统、完整地提出了"贸易投资重叠性"的概念，并对其内涵及其与贸易投资一体化、产品内分工等概念的联系进行了分析比较。本书运用四个层次的矩阵法分析了国际贸易与国际投资、反倾销产品和投资品、进口反倾销涉及产业与投资产业目录以及外国对中国反倾销部分产品与外商对华投资产品的重叠性，深入分析和讨论了贸易投资重叠性的现象。这是在当前国际贸易摩擦的分布与跨国公司的全球垂直一体化生产网络的重叠性的突出表现，也是解决纷繁复杂的国际贸易摩擦的一个新的突破口。

（2）该书建立了三种政策目标诉求下的东道国收益分析，在大国情形下构建了以反倾销为代表的贸易救济与直接投资相互作用的分析框架。书中运用福利函数分析了东道国在追求产业安全（反倾销）、追求跨国公司 FDI 数量和协调两种政策利益的三种情况下的福利变化，得出了只有协调化的政策目标下东道国福利可能实现最大化的结论。

（3）该书探索分析了反倾销与 FDI 之间的相互作用机理，把要素可流动和成本可转移作为联结贸易与投资的核心概念，在贸易投资重叠化背景下，以及在以追求协调反倾销与外商直接投资利益目标条件下，分析了反倾销与外商直接投资的动态及双向循环作用机理。分析发现，反倾销效应的不确定性是因为当前跨国公司在其全球生产网络中转移成本，化解反倾销威胁和损失的结果。当然，继发性的反倾销将会使国际贸易摩擦升级，陷入相互报复的恶性循环中。这对理解当前纷繁复杂的国际经济纠纷和摩擦都有借鉴价值。

（4）该书分析了贸易投资重叠性条件下的反倾销与跨国公司的垂直型直接投资相互影响的微观机理，引入了国家间的产品内分工市场结构（垂直化结构）和跨国公司的战略反应的影响。跨国公司在东道国市场份额因素的影响可以解释反倾销效应"耗减"的现象。作者进而分析了反倾销与直接投资条件下的收益，在贸易投资重叠性基础上，针对协调反倾销和直接投资收益，提出实施"中性化"竞争政策的对策建议。这一建议包含了"内外循环"并重的基因，也是该书的价值之一。

考虑到历史变化和现实特点，作者主要做了如下修改：

一是将研究对象从反倾销扩大到贸易救济整个领域，即涵盖了21世纪初以来被各国频繁使用的反倾销和发达国家为主要使用者的反补贴和特别保障措施。这既拓展了研究视野，又契合了21世纪初国际贸易救济的实际情况，还增强了针对性。

二是在文献、数据方面做了更新。参考文献截止到2020年，其国际直接投资、国际贸易救济数据更新到2019年；篇幅上也由原来的9万多字增加到现在的19万多字。同时，在反补贴、特别保障措施方面做了增补，本书结构方面总体保持了原文的基本框架。

在他毕业之后，我曾多次督促过他尽早修改著作出版，但他一直坚持不断完善，这种执着精神弥足珍贵。时至今日该书终得付梓，我感到颇为欣慰，是以为序。

冯宗宪　西安交通大学教授

于中国西部科技创新港

2020年9月25日

前　言

在国际经济的迅速发展中，以反倾销调查为主的贸易救济的实施已经成为国际经济中一个重要现象，反倾销措施的使用也呈现出迅速扩散的趋势。与此同时，反倾销措施实施的国际经济环境发生了显著变化。国际贸易与外商直接投资（FDI）在全球产业分布上表现出贸易投资一体化，几乎同步发展的是国际贸易与 FDI 的重叠性趋势。

尽管当前分别研究反倾销与 FDI 的文献十分丰富，但目前尚缺乏基于贸易投资重叠性下的国际贸易救济与 FDI 的研究。本书从新的视角——贸易投资重叠性分析了以反倾销为代表的国际贸易救济与 FDI 的相互作用。本书建立了追求反倾销收益最大化、外商直接投资流入最大化和协调反倾销与外商直接投资收益的三种目标诉求下的东道国收益分析，构建了反倾销与直接投资相互作用的分析框架，在此基础上研究了贸易投资重叠性下的反倾销措施对外国直接投资的相互影响机理。本书选取中国对丙烯酸酯产品的两起反倾销案件中都涉及的德国巴斯夫化学公司及其子公司的反倾销案件分析，验证了本书的结论，并通过博弈分析得出反倾销措施与 FDI 政策动态调整。本书的主要工作与创新体现在以下几个方面：

（1）完整地提出了"贸易投资重叠性"的概念，并对其内涵及其与贸易投资一体化、产品内分工等概念的联系进行了分析比较。本书运用四个层次的矩阵法深入分析了国际贸易与国际投资、反倾销产品和投资品、进口反倾销涉及产业与投资产业目录以及外国对中国反倾销部分产品与外商对华投资产品的重叠性，深入分析了贸易投资重叠性现象。这是当前国际贸易摩擦的分布与跨国公司的全球垂直一体化生产网络的重叠性的突出表现，也是理解和解决纷繁复杂的国际贸易摩擦的新突破口。

（2）本书建立了在三种政策目标诉求下的东道国收益分析，以及在大国情形下构建了反倾销与直接投资相互作用的分析框架。同时，运用福利函数分析了东道国在追求产业安全（反倾销）、追求跨国公司 FDI 数量和协调两种政策利益三种情况下的福利变化，得出只有在协调化的政策目标下东道国福利才可能实现最大化的结论。

（3）本书探索了反倾销与 FDI 的相互作用机理，把要素可流动和成本可转移作为联结贸易与投资的核心概念。本书在贸易投资重叠化背景下，以追求协调反倾销与外商直接投资利益为目标，分析了反倾销与外商直接投资的动态、双向、循环作用机理。对于东道国的反倾销，跨国公司或直接投资东道国，或转移投资到第三国，这都对反倾销效应产生了化解和规避效应。若跨国公司对东道国直接投资，且东道国鼓励外资流入，则不需要采取进一步的措施；若跨国公司通过投资第三国，进而再出口到东道国，则东道国只有继续对来自第三国的产品发起继发性反倾销。这样，在动态条件下，二者之间新一轮的博弈就又开始了。可见，反倾销效应的不确定性就是因为当前跨国公司在其全球生产网络中转移成本，化解反倾销威胁和损失的结果。当然，继发性的反倾销将会使国际贸易摩擦升级，并陷入相互报复的恶性循环中。

（4）本书分析了贸易投资重叠性条件下反倾销与跨国公司的垂直型直接投资相互影响的微观机理，引入了国家间的产品内分工市场结构（垂直化结构）和跨国公司的战略反应的影响。跨国公司对东道国市场份额的影响可以解释反倾销效应"耗减"的现象，进而分析了反倾销与直接投资条件下的收益，在贸易投资重叠性基础上，针对协调反倾销和直接投资收益，提出实施"中性化"外经贸政策的对策建议。

目　录

1 绪论

1.1 研究背景

1.1.1 国际背景

在 20 世纪后半叶，国际经济的发展是以经济全球化为主流的，主要表现为各国经济之间相互依赖的日益增强。在最近一波的经济全球化浪潮中，跨国公司充当了经济全球化的主体。跨国公司几乎遍及世界各国，其经营活动已经使国际贸易与国际投资呈现出重叠性的新特点。这主要表现为国际贸易的主要领域、主要产品和国际区域分布方面与外商直接投资的主要领域、主要产业和国际区域分布方面的明显的重叠性趋势。贸易与投资的重叠性已经成为国际经济领域的重要趋势，是 20 世纪 90 年代以来经济全球化的重要表现之一，这对于世界各国经济已经或正在产生重要的影响。

进入 21 世纪以来，国际经济格局遭受了诸多重大负面冲击。2001 年，美国由于遭受"9·11"恐怖袭击，继而在全球范围内展开了反恐怖主义行动，先后在中东的伊拉克、阿富汗、利比亚、叙利亚等国展开规模空前的反恐活动，为全球化蒙上了一层反恐阴影。世界经济增长大幅下滑，2001 年世界经济增长率仅为 2.35%，2002 年为 2.87%。各国之间贸易保护主义倾向逐渐抬头，尤其是美国等西方发达国家纷纷祭出了贸易保护主义大旗，令全球化步履蹒跚。

时隔不久，2008 年美国爆发了次贷危机，由此引发了全球性金融危机。美国在危机期间经济形势急剧恶化，直到 2009 年下半年才逐步恢复。这次危机却给世界各国带来了深远影响，世界贸易大幅萎缩，世界贸易增长率低于世界经济增长率，史无前例地出现了倒挂现象，这导致了全球经济增长预期长期不明朗，贸易保护主义大行其道，全球多边主义体制受到前所未有的考验。世界贸易组织（以下简称 WTO）多哈回合谈判开启后一直未能产生预期进展。

1.1.2 国内背景

在全球化进程中贸易投资重叠性却是伴随着非关税壁垒林立，各国贸易摩擦纷起，尤其是以反倾销为主的贸易纠纷增多，贸易投资重叠性趋势日益明显。这也使得国际贸易环境呈现出贸易争端数量增加、贸易关系恶化的趋势。对于发展中国家来说，如何在贸易投资重叠性的新形势下有效地实施贸易保护，同时又能充分利用经济全球化中跨国公司所带来的应有利益，就成了摆在各国面前的重要任务。作为发展中国家的一员，中国也在加入 WTO 后更大程度地融入了全球经济，如何处理好上述矛盾，也是中国在新形势下转变贸易战略，由贸易大国向贸易强国转变的当务之急。传统的国际贸易与投资理论难以解释产品内分工和要素贸易现象，使中国相关部门在实际工作中缺乏正确的理论指导。

改革开放后的很长一段时期，中国的对外开放政策是出口导向型贸易政策，大部分的开放措施是围绕促进贸易发展制定的，更进一步地说是围绕促进出口发展而制定的。但由于当前中国的外贸很大一部分是外资驱动的，突出表现为贸易投资重叠性，进出口贸易总额中加工贸易占相当大的比重，遭受国外反倾销的"重灾区"也是吸引外商直接投资的重要领域；与此同时，中国对外反倾销的主要产业和区域也与其吸引外资的产业和区域表现为重叠性。国际贸易与国际投资的重叠性结构对传统的贸易模式和经济发展模式提出了挑战。要认识到，在产品内分工环境中，决定现在和未来中国在国际分工交换中所获利益的，不再取决于进口什么、出口什么，而是取决于参与了什么层次的国际分工，是以什么样的要素、什么层次的要素参与国际分工，以及对整个价值链的控制能力有多少。因此当前应从贸易投资一体化和要素分工的高度，以全面融入跨国公司为主导的国际分工新体系为导向来规划中国的开放战略。

2001 年中国加入 WTO 之后，对外开放的速度、幅度、深度都有了前所未有的提升。中国对外贸易总额大幅提升，2002 年外商直接投资流量一度超过美国，之后各年也基本保持较大的引资额。但与此同时，中国面临着来自 WTO 成员国越来越多的各类贸易救济措施。

1.1.3 贸易投资一体化与贸易投资重叠性

随着经济全球化与科学技术的发展，在 20 世纪后期，国际经济领域发生了许多显著的变化，其中最重要的变化就是出现了全球性的产品生产与协作，即原来集中于某一国或某一地区的产品生产现在分散到了不同的国家，每个国家专注于产品某特殊阶段或零部件的生产，从而使国际分工由产业间、产业内深化到了产品的内部，以产品内部分工为基础的中间投入品贸易被称为产品内贸易。

目前，由于新兴工业化国家与发展中国家不断加入到这一新的分工形式中来，产品内贸易在数量上成为国际贸易显著增长的重要原因之一，而且成为国际贸易流向与分布格局变化的重要力量，还成为发展中国家实现工业化与产业结构升级的新途径。同时，外商直接投资流向和格局与国际贸易流向和格局出现了重叠性的趋势和特点。

随着国际经济的发展，传统的国际贸易理论越来越难以解释产品内分工问题了。这是因为最初以跨国公司内部贸易为主要形式的国际贸易方式已经演化为以产品内分工（要素分工）为特征的当代国际贸易投资一体化。据 Hummels 等（2001）的计算，20 世纪 60 年代以来，OECD 国家以及新兴工业化国家（地区）的对外贸易依存度不断上升，其中一个重要原因是出口产品中所包含的别国成分越来越多，导致中间产品贸易比重的不断提高。

贸易投资重叠是贸易投资互为因果、相互促进的过程。这个过程将伴随着大量中间产品和最终产品的国际流动，甚至是多次流动。显然贸易壁垒和生产要素流动的壁垒将会提高产品和要素流动的成本，从而阻止贸易投资一体化的发展。贸易投资一体化的发展，使得发达国家和发展中国家的互补性国际分工改变了传统的分工形式。

贸易投资重叠性是指在产品内分工条件下，围绕着跨国公司价值链、生产链，将世界生产链条分为可以自由分割的生产环节。主要表现为贸易品和投资品的重叠性，而这种重叠性，既可以在产业层面（如一国吸引投资产业目录）出现，也可以在产品群和产品内出现，还可以在跨国公司之间或跨国公司内部出现。

在贸易投资重叠性条件下，贸易与投资是融为一体的。作为贸易政策的反倾销措施对贸易的遏制作用会直接导致规避反倾销的 FDI（跨越壁垒型直接投资），或在产品内分工条件下转移投资。这样贸易摩擦就与直接投资摩擦出现了重叠性，也就引发了贸易政策与投资引资政策的冲突。

本书关注贸易投资重叠性主要是从贸易投资一体化过程中的投资产业分布的重叠性出发，关注国际经济当中的反倾销与外商直接投资冲突，主要从微观（跨国公司层面）角度分析反倾销在重叠性趋势下与跨国公司直接投资的相互影响，以及相关的政策启示。

1.1.4　反倾销为主的贸易救济在全球范围内的深度蔓延

20 世纪 90 年代至 2007 年，随着经济全球化进程的不断深入，各国之间的经贸往来也日益频繁，经济联系愈来愈密切。全球反倾销案件立案数量在 1999 年和 2001 年达到最高，分别为 354 起和 366 起。从趋势上看，2008 年以前全球数量呈逐步下降趋势。究其原因，主要是发达国家的反倾销案件数量下降了，而发展中国家的反倾销案件数量却在不断上升。2008 年以前印度总共发起反倾销案件 508 起，作为一个"后起之秀"，反倾销案件数量远超过美国的 420 起和欧盟的 372 起，紧随其后的是阿根廷 222 起、巴西 191 起、南非 205 起，这些国家的反倾销案件数量远大于另外两个传统的主要反倾销国家——澳大利亚（147起）和加拿大（142 起）。

全球 1995～2007 年反倾销措施数据显示，尽管反倾销案件的绝对数量自2003 年以来呈下降趋势，且反倾销案件执行率已由 2003 年的 95.3% 呈下降趋势，可是修正的执行率[①]变化幅度并不如当年执行率变化明显，也就是说，反倾销的执行情况基本保持相对稳定。

————————————

① 参见附录1。

自 1995 年世贸组织成立到 2008 年 6 月底，印度共发起反倾销调查 508 起，共实施反倾销措施 372 起，这比美国（245 起）和欧盟（252 起）同期实施的反倾销措施数量都要大。由排名前 20 位的反倾销发起国发起的案件总计 2002 起，其中发达国家实施的反倾销措施为 689 起，占总案件数的 34.87%；发展中国家共采取 1304 起反倾销措施，占 66.13%。

相关数据显示，全球排名前 10 位的反倾销发起国中，有 6 个发展中国家，其余 4 个是传统的反倾销发起国——美国、欧盟、澳大利亚和加拿大。在全球排名前 20 位中，只有 5 个发达国家，其余全部是发展中国家。这充分显示了发展中国家开始纷纷采用反倾销武器。其中，印度、阿根廷、南非、土耳其、中国、墨西哥、巴西、秘鲁等国最多。在被采取反倾销措施的国家和地区中，中国、欧盟、美国、韩国、中国台湾、日本等遭受反倾销措施最多，尤其是中国遭遇反倾销措施的数量比欧盟 25 国同期被提起的反倾销数量都多，情况尤为严重。

自 2008 年美国爆发次贷危机以来，全球经济发展预期变得愈加不明朗，各国纷纷采取各类贸易救济措施，仍以反倾销为例，2008～2019 年全球共立案 2562 起，最终裁决 1955 起，肯定裁决比例高达 76.3%。由此可见，国际贸易环境比金融危机前深度恶化。世界经济在 WTO 谈判停滞、增长乏力、国际贸易救济措施盛行的不良氛围中艰难前行。

2018 年 3 月 8 日，美国总统特朗普签署命令，决定将对进口中国钢铁和铝产品全面征税 25% 和 10%。3 月 22 日，美国发布"301 调查"结果，特朗普签署总统备忘录，将对中国商品大规模征税，规模可达 600 亿美元。4 月 4 日，美方又对 100 亿美元中国输美产品加征关税。如此这般，连续 13 轮博弈，在中国极度克制与据理力争之后，中美终于达成了第一阶段协议。这一系列冲突和博弈，无疑给世界经济增加了更大不确定性。

1.1.5 贸易投资重叠性下的外商直接投资

当前，跨国公司全球战略的实质就是在世界范围内优化、配置和利用全球资源。世界各国都有自己的要素禀赋及相应的比较优势，经济发展在微观上要求企业追求利润最大化，而实现这一目标的基础一方面是积极开拓国际、国内市场，扩大生产规模；另一方面是在生产上充分发挥自己的比较优势和利用他国的比较优势，实现更深层次的分工。

对跨国公司来说，全球化经营是在生产经营的整个过程中实现全球范围的生产和营销要素的最优配置。20 世纪 90 年代以来，跨国公司营销战略中出现了一种新形态——全球营销，而且随着时间的推移，越来越多的公司开始使用这种战略。全球营销战略代表一种管理理念，但跨国公司的决策、计划和行动实施，是放在全球角度去考虑和进行的，目标是通过在世界各地开展活动，尽量扩大本公司的市场，进而增加利润。

20 世纪 90 年代以前，跨国公司的组织结构具有一种科层等级鲜明的特征，母子公司之间的从属关系很强。20 世纪 90 年代以来，在贸易投资一体化环境中，以往那种科层等级鲜明的组织结构已经转变成为以各成员公司为节点的网络系统。在这种结构下，母公司和各分支机构分别承担着企业内部分工所设定的专门职责，因此在企业系统中各成员公司具有很强的相互依赖性。

当前，跨国公司全球化战略的实现形式是以其在全球范围内的产品内分工为基础的。当技术、资本、人员等要素在全球范围内自由流动时，国际贸易与投资就不再是以产品分工为基础了，而是以各国和各公司在产品内部的制造工艺、生产片段的比较优势为基础的，在全球范围内迂回生产和复杂分工（产品内分工）。

在贸易投资重叠性环境中，垂直型外商直接投资已经与垂直专业化的国际分工、垂直一体化的国际生产紧密地联系在一起，并随着全球性产品内生产协作体系的发展而快速发展。

在当前的国际经济条件下，出口贸易对各国经济的发展起着非常重要的作用，但是贸易依存度过高引起的经济波动的风险也日益增加。而 FDI 相对具有稳定性，可以起到分散贸易波动带来的风险的作用，因此吸引外国跨国公司的进入将是大多数国家引资的基本战略之一。贸易投资重叠性中的贸易与投资是互为因果、相互促进的。这个过程将伴随大量中间产品和最终产品在国际间的流动。当前最主要的非关税壁垒就是国际反倾销，从而会阻止贸易投资一体化的发展。因此，有必要研究在贸易投资重叠性条件下反倾销与 FDI 的相互影响，以便有效地利用反倾销保护和合理利用 FDI 对本国经济发展的促进作用，进而实现二者的良性互动。

1.2 研究内容与意义

1.2.1 研究内容

本书主要内容包括以下几个方面：

第一，本书拟探讨在贸易与投资重叠性背景下，产品内分工、要素分工和贸易投资一体化与贸易投资重叠性的含义及各种概念之间的关系。

第二，由于本书所述的反倾销、FDI 在传统理论下分属于不同的研究领域，这里对反倾销、直接投资等相关研究分别做综述。

第三，在文献综述的基础上，本书界定了由产品内分工而导致的贸易投资重叠性的含义、原因、表现形式及影响。

第四，在贸易投资重叠性条件下，分析贸易投资重叠性对反倾销和 VFDI 的影响，构建反倾销与 FDI 相互影响的博弈框架。

第五，通过博弈分析方法分析贸易投资重叠性条件下反倾销与跨国公司的垂直型投资的相互影响。跨国公司可能的战略反应选择：规避反倾销税的 FDI 或者转移投资他国生产再间接出口到东道国。本书主要分析跨国公司战略反应（垂直型投资选择模式）对反倾销的实施及效果的影响。

第六，在贸易投资重叠性条件下，对中国化工行业反倾销的案例——巴斯夫的丙烯酸酯案进行相关分析，探讨贸易投资重叠性条件下中国反倾销措施对外商在华直接投资的影响，以及外商在不同条件下的战略反应，进而提出中国反倾销主管部门和外资部门的联合应对措施。

第七，在前文分析的基础上得出贸易投资重叠性条件下反倾销与垂直型直接投资的相互影响，并提出如何协调二者的政策建议。尤其是要在贸易保护主义日盛的背景下，建设好"一带一路"利益共同体，以构建人类命运共同体为目标，共同维护全球经济可持续发展的良好外部环境。

1.2.2 研究方法

本书对于贸易投资重叠性的研究主要以理论分析和数理分析为主，并以国际贸易理论、国际投资理论、跨国公司理论、产业组织理论等为主要工具，同时运用案例分析法印证理论研究结论。

技术路线：在国际贸易与投资理论基础上，针对当前国际贸易现状，提出贸易投资重叠性概念，在此基础上构建了反倾销与 FDI 相互作用的框架；运用数理模型分析反倾销与跨国公司相互影响的关系；并运用案例实证检验理论结论。在此结论基础上提出贸易投资重叠性下的国际贸易救济与直接投资政策的协调建议。

1.2.3 本书的结构框架

本书的结构框架如图 1-1 所示。

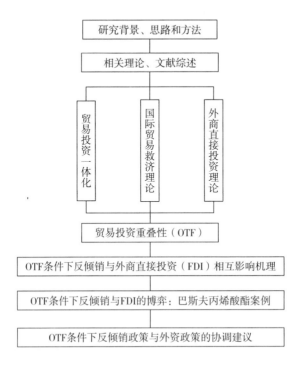

研究背景、思路和方法

相关理论、文献综述

贸易投资一体化　国际贸易救济理论　外商直接投资理论

贸易投资重叠性（OTF）

OTF 条件下反倾销与外商直接投资（FDI）相互影响机理

OTF 条件下反倾销与 FDI 的博弈：巴斯夫丙烯酸酯案例

OTF 条件下反倾销政策与外资政策的协调建议

图 1-1　本书的结构框架

2　文献综述

　　当前，关于反倾销、外商直接投资的研究相当丰富，国内外学者从传统理论出发，结合反倾销实践和直接投资的新动向对不同类型国家的相关问题做了深入探讨。但是由于在传统国际贸易理论框架内，这些内容分别属于不同的研究领域，因此，本书在贸易投资重叠性特征逐渐明晰的时代背景下，主要对产品内分工、反倾销和直接投资的最新研究成果做简要梳理，以此作为本书的理论基础。

2.1　国际贸易理论新进展：产品内分工理论

2.1.1　与产品内分工有关的国际研究成果

　　最先把国际贸易和外商直接投资纳入同一分析框架的是弗农（1966）的产品周期理论，邓宁（1977）的折衷理论也对国家直接投资和国际贸易理论的融合做了初步的尝试。小岛清（1987）正式将国家直接投资和贸易放在同一理论基础上进行研究，基本实现了二者的融合。此后以克鲁格曼等为代表的学者的"新贸易理论"，强调跨国公司的作用，并将纵向和横向一体化都以比较成本原则为判断标准，从而可以把两者建立在同一理论基础上。以"新贸易理论"为基础的理论融合分为水平型贸易投资一体化理论和垂直型贸易投资一体化理论。Brainard（1993），Markusen、Venables（1998），Ekholm、Forslid（2001）等为构建水平型跨国企业一般均衡模型做出了贡献；Zhang Honglin 和 Markusen（1999）等建立和完善了内生垂直型跨国企业一般均衡模型。

20 世纪 60 年代后半期，国际贸易出现了一个新动向，即发展中国家制成品出口大幅度上升，Helleiner（1973）敏锐地观察到这类出口产品主要与纵向一体化国际制造业的劳动密集型专门环节相联系，该文观察分析的现象实际上是产品内分工早期形态和表现。Finger（1975）研究美国 20 世纪 60 年代出现的"海外组装操作"（Offshore Assembly Operation），也是产品内分工的早期表现。

Dixit 和 Grossman（1982）建立了一个理论模型，考察多区段生产系统如何在不同国家分配工序区段，并分析关税等政策变动对这类国际分工的影响。Jones 和 Kierzkowsky（1990）把"生产过程分离开来并散布到不同空间区位"的分工形态称为"零散化生产"（Fragmented Production），他们的研究强调了服务活动对于展开产品内分工的重要性，并指出有两个因素推动生产过程分散化进程：一是比较优势因素；二是规模报酬递增因素。Arndt（1997）利用国际贸易常规分析技术，对全球外包和转包等产品内分工现象进行了研究，并对这一国际分工现象提出不同表述，包括全球外包（Global Sourcing）、海外外包（Offshore Sourcing）、转包（Sub - contacting）、产品内分工（Intra - product Specialization）等。Jones 和 Kierzkowsky（1990）、Arndt（1997）的论文与其他相关研究汇集到一起，并以《零散化——世界经济的新生产形态》为题作为论文集进行了发表（Kierzkowsky and Arndt，2001）。

新加坡国立大学朱刚体（1997）较早地认识到产业内贸易与公司内贸易越来越成为普遍的贸易现象，他认为以公司内的国际贸易竞争力为基础来分析贸易格局的方法比以国家的比较优势为基础的方法更能解释现代国际贸易格局。发达国家之间各公司的国际竞争力不同是国际贸易尤其是产业内贸易产生的基础，发展中国家能发展国际竞争力强的产品并进行海外投资也与其公司的特定优势有关。

Feenstra（1998）把产品内分工称为"全球经济生产非一体化"（Disintegration of Production in the Global Economy），他引用其他研究成果，用不同贸易指标度量了这一生产方式的拓展情况，并评论了信息革命对这一进程的推动作用。Gereffe（1999）从商品链（Commodity Chain）角度讨论产品内分工问题，并以服装业为例考察了买方驱动商品链的构造和运行特点。Ng 和 Yeats（1999）通过观察东亚地区"零件和部件贸易"（Trade on Parts and Components）增长情况，对产品内分工发展提供了一个度量方法。Hummels 等（2001）利用投入产出表数据，对加工贸易进行了度量。2002 年，联合国贸易和发展报告专门讨论了"生产分享"（Production Sharing）问题（UNCTAD，2002）。Yi（2003）建立模型并进行数据模拟，从纵向国际工序分工角度解释当代世界贸易快速增长的原因。

2.1.2　与产品内分工有关的国内文献

对于产品内分工这种新的分工形式的研究，国内学者基于对来华投资企业的关注，在这方面有着独到的见解。盛洪（1991）对分工问题进行了理论性研究，虽然对象分工类型不同，但对分工决定机制、分工与交易成本关系问题进行分析，能够对研究产品内分工有借鉴意义。林毅夫近年来有关比较优势战略的研究论文，对生产区段的国际分工现象提出了观察和评论。

刘志彪（2002）分析了出口和对外直接投资的成本收益，认为跨国公司的贸易或投资选择取决于成本与收益的比较。俞进（2002）采用新兴古典分析方法，以国际分工为基础、跨国公司为主体、竞争优势为方向，将国际贸易和直接投资理论融合在一起对国际经济现象进行了分析。张二震、马野青等（2004）认为贸易投资一体化是跨国公司主导下的国际贸易和投资的选择，要在国际分工的基础上对贸易投资一体化进行研究。

吴敬琏（2003）注意到当代经济全球化不断深化的特点之一，是跨国公司把产品不同生产环节分配到全球最适当地区所带来的产业转移。之后国内其他学者从不同角度对产品内分工贸易现象进行了观察和评论。

赵文丁（2003）认为当代的国际分工正由垂直型分工向混合型分工转变，呈现出产业间分工、产业内分工和产品内分工并存的格局。他从实证的角度分析了新型国际分工格局下中国制造业比较优势的调整与变迁，并对相关问题做了进一步的探讨。

田文（2005a）将产品的生产过程分布到不同国家的现象称为产品内分工，由此引起的中间投入品贸易称为产品内贸易，并明确提出产品内贸易的范围与计量方法，从而将一国进口的中间投入品作为产品内贸易的统一口径，并通过比较，指出产品内贸易与产业内贸易、公司内贸易都是交集的关系。

刘志彪、吴福象（2005）在揭示生产非一体化内涵及其效应的基础上提出了若干假说，运用投入产出表对中国及长三角的贸易一体化和生产非一体化程度进行了测量，对二者的相关性进行了计量检验。结果支持以下假说：贸易一体化和生产非一体化互为解释变量时，计量效果显著，且对它们具有较高解释力的变量还有资本化指数、行业外向度和交易费用等。

吴福象（2005）在分析制造业垂直分离动因的基础上，解析了垂直分离与贸易一体化两个重要经济现象之间的内在关系，提出了若干假说，并运用投入产出表对中国及长三角的垂直分离程度进行了测算，并以江苏为例，对垂直分离的相关性进行了计量检验。结果支持以下假说：贸易一体化及其派生变量资本化指数、行业外向度对垂直分离具有较高的解释力。能解释垂直分离的变量还有交易费用和行业特性等。

田文（2005b）在李嘉图模型的框架内分析了比较优势对贸易模式的影响，并运用产业组织理论中关于市场纵向关系的理论分析了贸易利益的分配，提出发展中国家应以比较优势切入产品内部分工，调整发展战略，不断提高在分工链条中的地位。

蒲华林、张捷（2006）对产品内分工和产品内贸易进行了理论上的梳理，并结合汽车生产模式的转变对具体的产品内分工的权力结构和产品内贸易进行了初步的描述分析，一个重要的发现是：以汽车为代表的复杂制造业的产品内分工和产品内贸易已经在全球范围内展开，但是相应的理论研究却比较匮乏。他们所提及的各个概念及其相应的分析虽然都涉及了产品内分工及产品内贸易，但均未提出一个完整的分析框架。

张海霞（2006）以中国与东亚国家机械类产品（SITC7）产业内贸易为例，首先说明了SITC7在中国与东亚国家贸易中的重要地位及其产业内贸易水平。其次从FDI、零部件贸易和公司内贸易三大方面阐述了东亚产业内贸易的内在机制——东亚国际生产分工网络。最后认为中国的加工贸易和"三资企业"也对产业内贸易起到了极大的促进作用。

张纪（2007）在传统国际分工理论中加入了交易成本变量，拓展了李嘉图模型，从而将传统贸易理论运用到产品内国际分工的动因分析中，并通过中国省际面板数据的计量分析进行了实证检验。结果表明，产品内国际分工的完整动因是以比较优势的差异为基础，以交易成本的降低为条件的。

华德亚、董有德（2007）分析了导致产品内分工产生的诸多原因。在国际产品内分工中，中国大部分产业处于劳动密集型工序或区段，按照动态比较优势原理，应通过提高产品内分工的工序地位促进中国产业升级。

范爱军、高敬峰（2008）在对1997～2006年中国制造业产品内分工进行分析的基础上，探讨了中国制造业参与产品内分工的要素禀赋特征和附加值特征，认为产品内分工主要发生在中国制造业中的资本相对密集的产业，但劳动要素优势仍是中国参与产品内分工的基础。在获取更高附加值的利益驱动下，中国制造业内的企业会自主进行资本和技术积累，从而有助于中国制造业从低加工度向高加工度的产业结构升级。

宗毅君（2008）分年度、分行业测算了连续14年中国工业行业参与国际产品内分工的程度，并实证研究了其对中国进出口贸易的影响。发现近10年来，国际产品内分工有力地促进了中国工业各行业进出口贸易额的增长；同时垂直专业化比重（VSS）的上升在一定程度上推动了中国工业贸易顺差的增长。

高越（2008）在 Dixit – Stiglitz 垄断竞争的框架下，分析了在产品的生产环节可以任意分割的条件下，跨国公司在国内外配置生产环节的决定因素，并分析了为分割生产而进行的垂直型投资对贸易和消费者福利产生的动态影响。研究结果表明，与对垂直型投资的传统研究不同，为分割生产进行的垂直型投资和贸易的动态关系始终是替代关系，跨国公司出于自身利益考虑的分割生产行为正好使消费者福利水平达到最大化。

王海屹（2008）利用联合国贸易数据分析认为，分散化分工生产已经发展得十分迅速，零部件和中间产品贸易的发展速度已经超过最终产品。国际分散化生产已经对东亚经济体的发展和区域贸易体系内的相互依赖产生了关键的作用。中国作为一个区域性的出口方和进口方将会受到更大的影响，在可预见的将来，区域外的贸易仍然是全球贸易增长的发动机。总而言之，零部件和中间产品贸易的增长使东亚地区愈加依赖以区域外的贸易来支持增长机制。

李瑞琴（2013）通过实证分析表明，如果国际产品内贸易发生在劳动密集型行业，会给这些行业的技术进步和劳动者收入水平的提高带来负面影响；而如果国际产品内贸易发生在技术密集型行业，则会带来正面影响。

邵军等（2014）利用2000～2010年亚太地区15个主要经济体的相关数据，实证分析了产品内贸易对于区域内各国经济周期协同性的影响。结果显示，双边产品内贸易强度对于经济周期协同性具有显著的正向影响，且双边经济结构相似度越高，经济周期协同性程度越强，由此可以得出结论，加强双边与多边合作对于各国保障其经济的稳定发展极为必要。

葛和平（2014）以李嘉图的比较优势理论为起点，以跨国公司产品内分工、国际生产分割与服务业聚合为主题，对相关定理进行理论推演，对中美服务贸易进行实证检验。另外得到结论，中国经济规模的扩大、服务数目的增加、单位商品的劳动生产率提高，均有助于增强中国服务外包业务的竞争力。

秦兴俊、王柏杰（2014）发现中国主要以加工贸易的形式参与国际分工，这样不利于对外贸易结构升级。在国内产业转移的态势下，促进企业由"嵌入式"模式向"构建式"模式升级转变，构建国内价值链网络和从国家层面进行政策创新，是促进中国对外贸易升级的方向。

任志成等（2014）在理论分析产品内分工条件下贸易自由化影响一国产业出口竞争力的微观机制基础上，利用2004～2012年的行业面板数据，实证研究了中国贸易自由化对产业出口竞争力的影响。结果表明，贸易自由化发展对中国产业出口竞争力提升具有显著的积极影响。

程婷等（2015）在双边产业内贸易影响因素模型的基础上，将产品内国际分工程度以及国际直接投资引入分析框架，然后选取了四个解释变量，重点研究产品内分工程度和美国对华直接投资额对中美产业内贸易水平的影响。结果表明，美国对华直接投资总体上促进了中美产业内贸易，但产品内国际分工对中美不同等级技术行业的产业内贸易的促进作用有一定差异。

任祎卓（2016）基于三个视角对产品内贸易对国际经济周期的传导机理进行了实证分析，根据研究结论从两方面提出了正确把握产品内贸易对国际经济周期传导的建议。

廉勇（2018）对2004～2015年中美两国产品贸易数据进行研究，结果显示，中美高新技术产业贸易中产业内贸易占较高比例，但仍然以产业间贸易为主；中美高新技术产业具体产品产业贸易类型有较大分化，美国对中国高新技术出口限制对中美高新技术产业贸易结构有较大影响。

季凌炎（2019）通过实证分析认为，不同行业的产品内分配效应有所不同，就整体制造业而言，产品内贸易使得行业内的工资差距扩大；分行业而言，产品内贸易使得劳动密集型行业工资差距缩小，也使得资本技术密集型行业工资差距扩大。

可见，以产品分工和要素分工为背景，以跨国公司作为研究的主体，用竞争理论来分析贸易投资一体化，可以较合理地解释全球的贸易、投资和跨国公司的行为。因此，对国际贸易理论的研究，不仅在方法上要创新，其研究的内容也要随着国际环境的变化而发生改变。以往只重视跨国公司的成因，现在关注的是跨国公司的管理、生存、发展和对国际竞争的战略反应，即从跨国公司存在机制的研究过渡到发展机制的研究。进一步理解和认识企业在国际竞争中的竞争优势，以及企业在国际竞争环境中如何发挥优势、保持优势和寻求优势，将企业的国际活动的选择视为企业在国际竞争中对国际竞争环境的变化所做出的战略反应的结果，是今后国际活动理论发展的主要方向。尤其应该关注贸易和投资重叠性条件下，要素可以在国际间流动，产品成本可以在不同的生产环节之间转移的背景下的产品内分工基础上跨国公司的反应措施对于一国贸易政策的可能影响。

2.2　反倾销国外研究概况

现代国际经贸摩擦、倾销与反倾销始于资本主义经济时期。第二次世界大战后，在各国经济发展速度参差不齐、发展水平各异的情况下，倾销与反倾销就在西方发达国家之间频繁发生。国际倾销与反倾销经历了由个别产品、个别产业、个别国家向多产业、相互倾销与反倾销、结构性摩擦和倾销与反倾销的演变。已经由最初的发达国家发起反倾销为主演变到现在的各类国家纷纷利用反倾销措施的纷乱局面。反倾销问题已经成为举世瞩目的重要问题，对各国国民经济产生了很大影响。

在反倾销博弈方面，Davieshe 和 MeGninness（1982）研究了市场竞争中出现低于成本销售现象的原因；Messerlin（1989）研究了反倾销法实施与企业行为；Ethie Fischer（1987）建立了国内企业和国外企业两阶段垄断竞争模型（价格竞争和产量竞争）研究企业如何影响政府反倾销措施；Fischer（1992）和Reitzes（1993）从数量、价格、市场占有率与反倾销政策、福利等方面分析了贸易保护的内在动因及企业行为；Anderson（1992，1993）则从多米诺倾销角度研究了反倾销示范效应等内容；Staiger和Wolak（1994）研究了反倾销的"调查效应"；Rosendorff（1996）建立了反倾销调查模型，分析反倾销诉讼对政府和外国企业达成自愿出口协议间的促进作用；Prusa（1998）检验了强制累计制怎样影响AD法则的运用；Tharakan（1999）则研究了"为什么反倾销会持久不衰"等问题；Prusa和Skeath（2000）认为贸易报复和威胁是导致反倾销诉讼发起的重要原因；Kolev和Prusa（2002）分析了不完全信息下的博弈模型，不同生产效率的企业如何面对反倾销裁决。在贸易投资重叠性条件下，反倾销效应最为显著的就是转移效应、企业的合谋行为。

2.2.1　反倾销的转移效应

反倾销税的直接效应是被保护市场消费者所支付的价格上升，然而如果市场是不完全竞争的，就会有一些影响价格上升多少和其他竞争者如何反应等问题。其中影响最大的因素就是反倾销措施的转移效应。如果反倾销税被转移或转嫁，则反倾销的效果就会不确定甚至产生负面效应。

Krupp和Pollard（1996）着重研究了1976～1988年化工行业的反倾销案件。他们发现一半案件中有向未被调查国家的贸易转移的证据。

关于外国企业会把反倾销税转嫁给受保护的国内消费者问题，Prusa（1999）对1980～1994年的美国所有案件进行了研究。他运用合并回归法研究了7年的年度数据（发起反倾销前3年，发起年和其后3年），估计了反倾销对于进口价值、进口量和价格的影响。结果发现，对于来自被调查国的商品有很强的贸易破坏效应、侵扰效应，以及对未被调查国的贸易转移效应证据。行政复议程序会对反倾销税转嫁产生重大影响。在美国，反倾销税是逆向评估的。最先的反倾销税仅仅是估计，而真实的前期反倾销税是由行政复议过程的重新计算决定的，因而是事后评估的。这说明，外国公司能够通过相应改变价格完全规避反倾销税。

Jozef Konings、Springael Linda、Hylke Vandenbussche（2001）实证研究了欧盟反倾销政策对从潜在地处于经由受到保护措施的被调查国，转移到未指明的国家的贸易转移效应。为此，他们运用了一个 8 位码的产品层次的统一数据集合。贸易转移的数量可以被认为是用来保护本国企业免于外来进口压力的反倾销政策有效性的标志。他们发现，反倾销导致的欧盟内的贸易转移与美国相比是有限的，但表明欧盟反倾销政策在阻止外来进口上是有效的。

Bruce A. Blongen 等（2001）认为反倾销贸易保护政策允许政府机构重新计算基于外国公司的定价行为的反倾销关税，他们考察了这一政策导致的外国公司的动态定价问题，揭示了长期内外国公司对于征收反倾销税结果的事前预期所决定的反倾销税的计算模式。他们的经验分析证实了事前预期对于解释所观察到的反倾销税计算模式的作用。

Ludo Cuyvers（2002）研究了 1991～2001 年欧盟对东盟出口商品征收的反倾销税，其间东盟国家是受反倾销指控最多的国家。文章运用面板回归模型分析 12 种受到反倾销的产品，估计了反倾销对贸易的影响。文章发现反倾销税对东盟国家的出口在价值和数量两方面有着显著的负效应，同时也揭示了（尽管并不显著）对欧盟成员国有利的贸易转移，但在非目标国的非欧盟国家没有发现贸易转移的证据。

Blonigen、Haynes（2003）提出和验证了两个传递假说。首先，他们指出，由于美国使用工厂交货条件的外国企业出口价格（出厂价），就得允许一个想免除反倾销税的企业向被保护市场的消费者转嫁 200% 的反倾销税。其次，他们发现行政复议程序结构性地改变了企业如何通过汇率变动向被保护的市场转嫁反倾销税。运用 1992～1993 年从加拿大出口到美国的钢铁产品的反倾销案件的详细资料，他们研究发现 160% 的反倾销税转嫁到了美国从加拿大进口的钢铁价格上，从而影响了进口产品的价格。

Konings 等（2004）统计了 1985～1990 年的 246 起欧盟案件，运用合并回归法研究了 9 年（发起前 2 年，发起年，发起后 6 年）的观察数据，发现没有明显的贸易转移效应。Lasagni（2000）对欧盟 1982～1992 年案件的研究得出了类似结论。这与 Brenton（2001）研究的 98 起 1989～1994 年的欧盟案件结论不同，

Brenton 发现数据上显著的证据显示，欧盟的反倾销行动确实导致从被调查国到欧盟外的未被调查国贸易转移。

然而，Gunnar Niles（2003）认为，最早的和最完善的研究是 Staiger 和 Wolak（1994）所做的反倾销调查，对国内生产和进口的效应分析。该研究包括 1980～1985 年的美国案例，作者发现初裁和终裁对于进口有重要的负面影响，对于国内生产有着几乎同样的正向效应。这意味着国内厂商在采取反倾销措施后占领了倾销国企业在国内的市场份额。也就是说，这里的反倾销转移效应很小（尽管两位作者未明确研究贸易转移效应）。他们进一步得出结论：那些调查得出否定结论的案例对于来自被调查国的进口也有着重要的负面影响，且表示存在扰乱效应。

2.2.2 关于企业的合谋反应的研究

反倾销措施实施后，被反倾销的企业并不是被动接受，而是会采取一系列的措施予以应对，也就是说，反倾销并不是静态的，而是呈现出复杂的动态特征，合谋行为则是跨国公司在其母公司与子公司之间化解反倾销税对其经营业务影响的重要措施。近年来，国外在这方面已经有了深入的研究。

Christopher T. Taylor（2004）分析了 1990～1997 年发起但最终撤诉，并且没有搁置协议或自愿出口限制协议的反倾销案件的影响。文章采用月度进口数据估计撤诉案件的价格和数量效应。估计的结果并不支持那些认为撤诉即意味着合谋的论点。这是因为旨在限制数量和提高价格的不公平贸易案件的庭外和解不仅减少福利，而且在反托拉斯法下也是可操作的；这在 Noerr - Pennington 条例下也是不能豁免的。正如 Staiger 和 Wolak（1994）对 1980～1985 年的数据分析后发现的结果一样，撤销案件对贸易没有影响。而 Christopher T. Taylor 不仅考虑了贸易价值，而且考虑了价格和数量数据。值得指出的是，在一些价格上升的案件中，有许多其他因素可以解释价格上升不是合谋的。也就是说，贸易数量下降或价格上升是合谋的必要但不充分要件。从文章的数据看，撤销案件并不是合谋的措施，这是当前成果丰硕的关于厂商撤销诉讼理论的研究领域。在平均 4～5 个月的反倾销调查期后撤销案件表明大多数案件撤销是因为他们可能无法胜诉。一种解释是企业可能想保留未来贸易保护的威胁手段。

Ronald B. Davies、Benjamin H. Liebman（2006）指出，反倾销税的威胁会导致国外企业与其国内的同行达成合谋，这是当前的主流观点。但是，当外国企业在东道国拥有关联企业时，可以消除导致合谋的反倾销税的威胁。因此，跨国公司可能会在合谋条件下屈从于关税，因为有迹象显示取消关税要比设立关税难很多。这样就很难取得更高程度的保证，尽管这是有成本的。但文章证明这可以是一个比先前更好的策略。所以，母公司会指示其分公司支持有益于母公司的税率，也确实存在子公司发起保护母公司的反倾销案例。

Ronald B. Davies、Benjamin H. Liebman（2006）还发现，实施反倾销税之后，反倾销立法仍然可以作为导致互利的合谋结果依据。尤其对为什么某些美国子公司寻求来自外国公司的反倾销保护提供了解释，甚至还包括其母公司在内；还可以解释为什么母公司有时默许这种保护。

上述文献中关于反倾销的转移效应和合谋反应的研究深入地反映了国际反倾销研究的最新状态，但将反倾销的研究局限于贸易理论与政策范围内，没有考虑到贸易政策在当前贸易投资重叠性情形下，跨国公司的投资与贸易活动对反倾销效应的影响，因而并没有找到这些转移效应和合谋现象背后的真正原因。实质上，在贸易投资重叠性条件下，反倾销税被转嫁或规避的方式已经内含于跨国公司全球战略之中了，国际分工已经由产品分工转变为产品内分工，生产变成了迂回生产，使被实施反倾销的要素或中间产品的价格发生了变化，并不会产生依据传统理论所预期的效应。这种效应需要在要素分工（产品内分工）条件下重新分析估量。

2.3　关于反倾销税引致 FDI 的研究

2.3.1　反倾销税引致 FDI 的国际研究成果

国内外众多学者用实证的方法对国际贸易与直接投资的关系进行了研究。Lipsey 和 Weiss（1984）根据美国 20 世纪 70 年代跨国公司对发展中国家直接投资的统计数据，研究发现跨国公司的直接投资和出口呈显著正相关。其中，反倾销税引致直接投资就是一个引人注目的研究成果。

反倾销调查和反倾销税降低国内生产者收益的一个潜在后果是，外国公司的关税升级。Haaland、Wooten（1998），Vandenbussche、Veugelers、Konings（1999）认为，反倾销保护会引诱外国公司进入（直接投资）保护主义国家，以避免关税，从而通过增加国内竞争使国内生产者境况更差。研究反倾销保护的关税升级的早期实证性的文章，都集中于运用不同层次的资料研究日本企业对直接投资的反应。这种分类之所以重要，是因为反倾销往往涉及面很窄，这就使得在综合分析中很难界定其效应。

Barrel、Pain（1999）研究了在国家层面上日本对美国和欧盟直接投资的反应。Blonigen、Feenstra（1997）运用 SCI 行业层次的 4 位数的资料研究了贸易政策（包括反倾销保护）之间的相互作用和 1980～1988 年日本对美国直接投资的反应。Belderbos（1998），Belderbos、Sleuwaegen（1998）使用一个独特的日本电子企业产品的数据库分析了反倾销保护的关税升级。上述文献都发现了与反倾销保护有关的明显的关税升级效应。Blonigen、Feenstra（1997）甚至发现了反倾销保护引致 FDI 的威胁。

日本企业对关税升级的反应是否代表了所有公司的反应。Blonigen 对 1980～1990 年受美国反倾销诉讼的公司的关税升级反应进行了研究，发现这一样本集的关税升级反应要小得多。结果显示，关税升级的 FDI 只占不到案例总数的一半，仅是工业化国家跨国公司的一个现实选择而已。这可能是发展中国家比发达国家更加关注 WTO 运用反倾销保护的一个原因。

一个与关税升级有关的重要的政策问题是，反倾销管理的制度差异影响关税升级动机的范围。在欧盟，政府官员经常在国内外企业间谈判价格安排，称作替代反倾销的价格承诺。Veugelers、Vandenbussche、Belderbos（1999）的研究说明，一个战略价格制定者会倾向于价格承诺，而不是反倾销税，以避免关税升级的直接投资。如果这个模型是正确的，在没有正式的价格承诺机制的欧盟，就有可能是关税升级的反倾销税比美国反倾销税少。然而，Belderbos（1998）的证据发现一个肯定的裁定，会把欧盟直接投资可能性从 19.6% 增加到 71.8%，而在美国是从 19.7% 增加到 35.95%。Belderbos 认为，产生差别的原因是，在欧盟的反倾销案件裁定后很难再降低反倾销税，在美国由于逆向的行政复议程序而相对容易。

欧盟在反倾销税升级与对外直接投资政策方面有许多值得研究之处。欧盟规避关税的直接投资的动机已经有很多论述（Campa et al.，1998；Horstmann and Markusen，1992；Motta，1992；Smith，1987；Collie and Vandenbussche，2001）。这些研究表明在一定条件下，在向国外出口时，外国企业乐于建立本土生产单位。在这些模型中，出口企业面临的交换是建立在关税水平和在国外建立生产厂的固定成本的基础上的。其他的研究（Konishi et al.，1998；Levinsohn，1989；Hillman and Ursprung，1988）比较了关税与配额、自愿出口限制的后果，揭示了由于自愿出口限制降低了外国公司偏好直接投资的倾向，外国公司是如何获益的。

尽管由于多边贸易谈判，关税、配额、自愿出口限制的使用减少了，但是其他贸易政策措施，尤其是反倾销措施的应用却增加了。实证研究证明，尤其是在针对日本企业的反倾销时，跨越反倾销的直接投资确实是很普遍的（Barrell and Pain，1999；Girma et al.，1999；Belderbos，1997a；Blonigen and Feenstra，1997；Azrak and Wynne，1995）。Blonigen（2000）运用总部在日本以外的国家的公司分析了关税升级的直接投资。结果显示，如果欧盟企业受到美国反倾销指控，它们就会有相似的反应；但是，在没有国际经验和总部在发展中国家的倾销指控条件下，反倾销升级的直接投资规模是十分有限的。R. Belderbos、H. Vandenbussche 和 R. Veugelers（1999）研究了反倾销升级（Antidumping Jumping）与 FDI 之间的关系，并通过对欧盟的实践和政策的分析，指出了外国企业通过扩大在欧洲 FDI 的投资，以规避反倾销税。如果外国企业成本优势转移，规避反倾销税（Duty Pre-empting）的 FDI 就会发生。

Haaland 和 Wooten（1998），Vandenbussche、Veuglers 和 Konings（1999）指出反倾销保护能诱发外国企业在东道国设厂，以避免反倾销税，而这种结果又可能因为激发国内竞争导致国内生产者状况更糟。

Blonigen、Feenstra（1997）对 1980～1988 年日本对美国的 FDI 进行了研究，发现无论是实际的反倾销程度还是潜在的威胁，与行业外商直接投资都会呈现出正相关关系。Belderbos（1997）第一次在企业和产品层次利用离散数据对反倾销与外商直接投资之间的关系进行研究，该研究对美国和欧共体反倾销措施与来自日本的企业层次上的直接投资之间的作用进行了检验，其中涉及 36 种特定的电子产品。研究结果表明，日本企业绕过两地的反倾销壁垒从而在这两地进行直接投资的效应极其显著。

Bruce A. Blongen（2001）运用一个新建的数据库研究了 1980～1990 年美国反倾销调查中的所有公司和产品的规避关税的反应措施。以前的研究主要集中研究日本对于反倾销保护措施的 FDI 反应，发现有大量的规避关税的 FDI。与此相反，该文发现了相当少量的规避关税的 FDI，证据显示规避关税仅是来自发达国家的跨国公司的一种现实选择。这可以部分解释在 WTO 框架中发展中国家关注运用的反倾销保护措施。在其他经济要素不变时，尽管日本有大量的规避关税的反应存在，但没有证据显示日本存在独有的规避关税的倾向。

Bruce A. Blonigen、KaSaundra Tomlin、Wislin W. Wilson（2004）认为一般的关于贸易政策的福利效应的研究经常忽视潜在的规避关税的直接投资会影响国内生产商的获利。运用个案研究法，作者发现在没有规避关税的 FDI 情况下，美国的肯定的反倾销裁决与比申请反倾销行业中的企业的非正常的获利高 3% 是相联系的。但是，存在规避关税的 FDI 情况下其获利就小很多，且数据上很不显著。他们还发现以新建企业或公司扩张形式的 FDI 比其他形式的 FDI 对美国国内企业利润的负面影响更大。

Dinlersoz E.、Dogan C.（2010）通过两国双寡头垄断模型分析，比较了关税和反倾销对两个国家的价格、利润、政府收入、行业保护和福利的影响。

Chervinskayaa I.（2014）认为转型经济体的反倾销监管机制是促进竞争的特定手段，因此，反倾销应被视为贸易政策中非常重要的组成部分。

Chandra P.、Long C.（2013）使用详细的公司级数据研究发现，美国反倾销税导致劳动生产率下降超过 12%（或 5%），尽管反倾销税大幅增加，但对目标企业的影响尚不清楚，初始出口强度较高的企业出口下降率均较高，且由于美国反倾销税而导致的生产率下降更大。

Kao K. F.、Peng C. H.（2016）使用产业内贸易模型研究了价格承接政策如何影响公司在某地区的产品投资。结果表明，如果产品有差异化，相对于自由贸易项下的双边反倾销行动，产品研发总投资可能会增加或减少，具体取决于政府设定的可容忍倾销幅度。相比之下，总产品研发如果只有一个政府实施，则肯定会下降，产品的差异化程度也会降低反倾销行动。

Chen Y. M.、Liu H. H.、Wu H. Y.（2016）从外国竞争者的角度出发，研究了反倾销调查情况是否影响外国竞争者进行反倾销反驳的决定。结果表明，由反倾销反驳和目标产生的潜在价值在产品生命周期中的产品阶段，分别通过感知收益和竞争，共同影响外国竞争者的韧性声誉，决定了外国竞争者是否对竞争对手进行反倾销反驳。

Jabbour L.、Tao Z.、Vanino E. 等（2019）分析了欧盟对中国进口商品的反倾销关税对所有国家的影响。结果表明，临时进口关税有利于生产效率最低的"好"欧盟生产者，但损害了生产效率最高的"丑陋"的欧盟进口商。总体而言，净效应反倾销政策对欧洲就业和出口的负面影响很大。关税也提高了生产力幸存的"不良"中国出口商的数量，并扩大了与欧洲竞争对手的生产率差距。

Felbermayr G.、Sandkamp A.（2020）使用中国海关数据分析反倾销（AD）政策的贸易影响，将公司级出口与公司特定的反倾销税相结合，利用产品中各公司之间的差异，可以减少困扰早期研究的内生性问题。根据企业一级的引力模型发现，反倾销税减少了出口，促使企业退出，但不影响生产者价格。与对美国的进口相比，对欧盟的进口反应不同。较小的出口商比较大的出口商受到的影响更大，这体现了行业内的重要再分配效应。

2.3.2 反倾销与 FDI 的国内相关研究

龚家友、滕玉华（2005）研究了国外企业面临反倾销壁垒时的投资跨越效应，认为投资跨越效应包括两种形式：通过在进口国投资设厂，或者在未遭受反倾销指控的第三国投资设厂，然后通过再行出口的方式来跨越反倾销保护的规避行为。该研究以化工领域聚氯乙烯产品、甲苯二异氰酸酯（TDI）以及钢铁业的不锈钢冷轧薄板三种涉案产品为例，说明了遭受中国反倾销指控的国外企业以在中国投资的方式规避中国对其反倾销调查的行为是存在的。同时指出，在新闻纸反倾销案件中出现了以第三国投资的方式规避反倾销壁垒的投资跨越行为。

梁志成（2001）从蒙代尔的替代模型出发，分析了投资动机等动态因素后，认为国际贸易与投资之间的相互关系已经出现了新的变化，替代不再是二者关系的必然，二者正朝着相互促进和相互补充的方向发展。

胡麦秀、周延云（2005）在成本不对称的假定下，研究了追求利润最大化的企业遭受出口反倾销时在出口与对外直接投资之间的战略选择，研究使用了一个三阶段模型。研究结果表明，跨越反倾销的对外直接投资要求外国生产商的成本优势至少是部分可以转移的，如果成本优势完全不可转移，则无论进口国政府采取哪种反倾销措施，外国出口商都不会选择对外直接投资。研究还发现，一方面，外国出口商的行为决策受进口国政府反倾销政策的影响，另一方面，进口国政府的最佳政策选择也会受到外国出口商行为决策选择的影响，两者是一种战略互动的关系。这里需要强调，作者所指跨越反倾销的直接投资的条件是外国厂商成本的部分转移，其实就是贸易投资重叠性条件下跨国公司的现实选择。

苏振东、侯铁珊和逯宇铎（2005）在标准的 H－O 模型的基础上，通过引入交易成本和包含中间产品生产过程的两阶段生产函数，构建了新的贸易投资一体化模型，并对模型进行了一般均衡分析和超边际比较静态分析，以期从理论上解释外商直接投资和由此产生的跨国企业在国际市场分工中出现的原因。

朱伟、董有德（2005）从非关税壁垒的角度，特别是从反倾销、农业补贴和政府采购措施等方面探讨了贸易投资一体化给这种目前盛行的贸易保护措施带来的困境和机会。并指出一国贸易政策的重点应由依靠非关税壁垒以发挥比较优势向鼓励要素流入以弥补比较劣势、创造竞争优势的政策转变。

丁建明、方勇（2005）认为不仅生产（制造）环节的外商直接投资深入发展，而且跨国公司的对外直接投资日益集中于增值潜力最大的研发环节和销售与营运环节，出现了研发的全球化、销售与营运的全球化。

李君（2005）以中国第一起和第二起丙烯酸酯反倾销案件为例，研究了反倾销的贸易转移效应，国外企业在中国直接投资以规避反倾销的行为及反倾销对上下游产业的影响。

黄文俊、于江（2004）认为，中国对外反倾销的胜利迫使那些不看好中国市场的外国资本转而在中国投资建厂，并以铜版纸反倾销案和对外反倾销的重要领域——化学工业为例进行说明。他认为，反倾销制度的作用客观上已远远超出了贸易保护的范畴，反倾销在维护公平贸易的同时，正在默默地、有效地催化和孕育着更为广阔和繁荣的中国投资市场，它为全世界的对华投资者指明了高效的对华直接投资路径与方向，理智地邀请各国富有智慧和远见的投资者来中国一展才华，并卓有成效地推动着外商对华投资的进程。

鲍晓华（2004）运用中国钢铁业和化学工业的对外反倾销案例，说明了遭受中国反倾销调查的国外企业具有转而向中国投资的势头。

朱庆华、唐宇（2004）以新闻纸行业和化学工业反倾销案件为例，说明了外国企业以直接投资形式规避中国反倾销壁垒的现象的存在，同时认为反倾销措施在一定程度上发挥了保护中国进口竞争产业的作用，但由于贸易转移和直接投资的影响，贸易保护效果并不会像国内反倾销申请企业期望的那么有效。

唐宇（2004）分析了反倾销保护引发的贸易转移效应、投资跨越效应、上下游产业的继发性保护效应以及国家间的报复效应，认为当局在采取反倾销行动之前，对上述四种效应给予充分的考虑，才能保证实施理性的反倾销措施。

祝福云、冯宗宪（2006）认为中国对外反倾销调查与外商直接投资的关联途径至少有以下三种：一是外国企业通过直接投资规避反倾销壁垒；二是外国企业通过一定方式主动寻求特定的反倾销保护水平，而直接投资成为达成这个目标的直接手段或间接手段，同时也可受益于所达成的特定的反倾销保护水平；三是反倾销措施以及涉案产品部门的外商直接投资通过"波纹效应"引发非涉案产品部门外商直接投资的变动。通过利用合成数据模型的定量研究发现，就发起对外反倾销调查最频繁的化学工业来讲，与每起对外反倾销调查相关联的合同外商直接投资额平均约为5.5亿美元，以此规模计算，2000～2005年，与化学工业对外反倾销调查相关的合同外商直接投资额约占该期全部合同外商直接投资额的4%。

陈阳、王延明（2007）从规模、区域和行业三方面对中国出口贸易和对外直接投资进行了实证分析。结果表明，对外贸易和对外直接投资在规模上是相关的，但对外直接投资对对外贸易的促进作用不明显；贸易投资一体化因地区差异，表现出"互补"和"替代"两种区域特征；当前贸易投资一体化的行业相关程度不高。总体而言，中国贸易投资一体化尚处于初级阶段。结果显示，一般贸易为对外直接投资的 Granger 成因，反之则不成立。这说明中国的对外贸易促进了对外直接投资的增长，而对外直接投资对贸易的增长没有明显作用，这反映了中国的对外直接投资以满足东道国市场需求为主，而贸易在促进经济交流的同时，为对外直接投资创造了条件。

冯巨章（2009）从国际反倾销国别分布的总体情况出发分辨出可能存在反倾销报复行为的国家和地区，利用两两国家或地区之间的反倾销数据，以绝对数量、相对数量和实施最终措施比率三个指标来判断主要国家和地区之间的反倾销报复行为。结果显示，国际反倾销存在报复表象，这在印度、美国和欧盟等9个国际反倾销的主要国家和地区中得到较显著的反映。但总的来看，国际反倾销还只是存在一定程度且范围不太大的报复表象。

刘爱东、梁洁（2010）对1995~2009年我国出口产品遭遇反倾销指控的状况，从案情总量、发起反倾销指控的国别及其遭遇反倾销指控的产品类别三方面进行了统计分析。认为我国出口结构不合理、出口增速不均衡、企业反倾销应诉意识淡薄等所导致的应诉不力，特别是新贸易保护主义抬头、国外对华歧视性贸易政策等是我国出口产品频遭反倾销指控的主要诱因。对此，应多元化地调整出口贸易战略，积极争取市场经济地位，合理利用WTO规则，完善反倾销应诉机制。

李磊、漆鑫（2010）利用1981~2007年的国际对华反倾销数据和负二项回归方法研究发现，中国对外反倾销威慑和报复能力对国际对华反倾销产生了一定程度的抑制效应。此外还发现，宏观经济不是影响国际对华反倾销的主要原因；外国货币的升值会导致国际对华反倾销的增加；反倾销案件是国外利益集团要求政府对其实行贸易保护的结果。

苏振东、刘芳（2010）选取了1997年3月至2009年6月中国反倾销案例涉案产品以及国内相关进口竞争性产业数据，通过面板数据模型，定量评估中国反倾销措施的经济救济效果。结果显示：虽然存在"贸易转移效应"，但是中国反倾销措施仍然有效地抑制了对国外倾销产品的进口，即贸易救济效果显著；而强硬的反倾销措施为国内相关产业的发展提供了有力的支持，即反倾销措施对国内进口竞争性产业具有显著的救济效果。

于津平、郭晓菁（2011）分析了对华反倾销的成因，探究进口国宏观经济和政治因素对反倾销行为的影响。结果显示：各国对华反倾销立案的宏观经济与政治动因存在显著的差异性。

宋利芳（2012）发现自WTO成立以来，中国出口产品频遭国外反倾销，且中国连续16年成为全球遭受反倾销案件最多和反倾销受害最深的国家。同时，针对外国进口产品对中国日益增多的倾销局面，中国也逐步加强了对外反倾销。相应地，中国与国外的反倾销摩擦日趋加剧，并具有不同于其他国家或地区的特点及其成因。

杨仕辉、许乐生、邓莹莹（2012）在整理印度反倾销申诉案件的基础上，通过收集相关数据，发现印度反倾销的主要目标是中国、韩国、中国台湾和泰国等新兴工业化国家和地区以及美国、欧盟和日本等发达国家，打击的恰恰是具有强大比较优势的产品。中国成为印度头号反倾销国家，被诉产品都是出口增长快、市场份额高的产品。其后建立动态面板数据模型，从被诉的国家和显示性比较指数角度重点实证分析了印度反倾销的贸易破坏效应和贸易转移效应。使用系统GMM估计方法进行分析后，发现反倾销措施的贸易破坏效应和贸易转移效应随时间的推移而逐渐减弱，反倾销措施对被诉国的贸易破坏效应一直比关税的贸易破坏效应要大。从反倾销政策对产业竞争力影响来看，印度反倾销措施对其产业竞争力提升具有较显著的促进作用，当印度产业处于比较劣势时，印度反倾销措施对产业竞争力的提升效果更强。

余萍、魏守道（2012）通过整理WTO公布的1995~2010年的反倾销数据，从反倾销的国家或地区、行业和年份等方面进行了研究，结果显示：印度、美国、欧盟和阿根廷的反倾销报复能力比较强，已经成为全球反倾销的主要国家（地区），中国和韩国的反倾销报复能力比较弱，已经成为全球被反倾销的主要国家。进一步地，将主要反倾销国家（地区）与主要被反倾销国家（地区）之间的反倾销案件进行比较后，发现一国（地区）遭受反倾销特别是来自于主要反倾销国家（地区）的反倾销时，若没有进行有效的反倾销报复，其他国家（地区）也会加入对该国（地区）的反倾销队伍中来，使其面临更多的反倾销。

王兰娟（2019）首先利用价格领先的Stackelberg模型分析在自由贸易条件和东道国设置反倾销壁垒条件下中国企业采取的决策差异，以及探究企业选择OF-DI以跨越反倾销壁垒的临界条件。理论与实证分析结果显示：首先，东道国实施的反倾销壁垒显著地刺激了我国企业对外直接投资，其中经济规模和对东道国的出口额均显著促进了中国对外直接投资。分样本来看，发达国家对华反倾销带来的影响大于发展中国家反倾销引发的对外直接投资效应。其次，不同行业间遭受反倾销后做出的决策存在异质性。能源行业、金属行业、交通运输业遭受反倾销与行业对外直接投资之间有显著的正向影响，而化学原料及制品业遭受反倾销会负向影响企业对外直接投资，但影响结果不显著。最后，对外直接投资具有动态连续性，容易受上一期投资决策的影响。研究还发现，东道国与母国的地理距离对行业对外直接投资产生的效应也存在差异，能源行业对外投资与东道国地理距离呈负相关关系，而化学原料及制品业倾向于投资与母国地理距离近的国家。可见，反倾销壁垒确实能在一定程度上刺激我国企业对外直接投资，以及开拓海外市场。但是，发达国家与发展中国家所处环境不同，反倾销对我国造成的影响也各异，也并不是所有行业都适合"走出去"，当面临反倾销壁垒时要积极做好应诉准备，维护企业切身利益。

屠新泉、李帅帅（2019）以对华反倾销最多且一直使用替代国做法的美国为例，筛选出在同一案例中同时涉及中国以及其他国家的反倾销案例，通过比较中国和市场经济国家的同一出口产品被征收不同反倾销税的情况，以及这些反倾销税对我国对美出口的影响，从而尽可能准确分析非市场经济地位因素如何导致中国企业在美国反倾销中遭受歧视以及如何影响中国企业对美出口，以此来直观衡量其影响。

王顶（2019）通过分析韩国对中国反倾销的案件数量、涉案产品、终裁结果及实施措施，发现中国已经成为韩国发起反倾销的第一目标国，化工产品是韩国发起反倾销的重点领域，在实施反倾销措施中使用反倾销税较多，使用价格承诺较少。因此，为了应对韩国对华反倾销，中国应该在产业政策及发展战略等方面加大与韩国的沟通力度，积极调整中国商品出口竞争策略，鼓励涉案企业积极应诉。

朱勇、王美静（2012）基于地域划分视角，对我国目前所遭受的反倾销调查进行统计研究，得出如下结论：对我国反倾销调查按严峻程度排名分别为拉美地区、亚非地区、欧洲地区、美澳地区，反倾销调查数量分别为44项、23项、11项、7项、4项，比较突出的国家有阿根廷、墨西哥、巴西、印度、美国、乌克兰等，反倾销调查数量分别为 16 项、14 项、9 项、8 项、7 项、4 项等，主要集中在陶瓷、金属、橡胶、化工制品等领域。

曾艳军（2020）认为替代国制度作为反倾销调查中针对"非市场经济"国家出口产品计算"正常价值"的一种特殊方法，其合法性被 WTO 规则所确认，但该制度存在理论基础界定不明、实践中被进口国滥用等缺陷，宜从明确非市场经济国家标准、限制替代国适用等方面进行完善。中国作为替代国制度滥用的受害国之一，在国际层面上，应正确解读《中国入世议定书》第 15 条、运用 WTO 争端解决机制、积极签署多边或双边协定、警惕"特殊市场状况"条款、采取适度合理的贸易保护反制措施等，在国内层面，应进一步推动市场化改革、完善反倾销法、建立反倾销调查预警机制、主动提供替代国等，统筹考量、综合权衡、精准施策，充分依据既有国际贸易规则，以期切实维护国家和企业在国际贸易中的合法权益。

沈国兵（2012）针对显性比较优势与美国对中国产品反倾销的贸易效应问题，基于 10 分位贸易品进行的统计分析和 GMM 分析显示：①显性比较优势不是中国产品遭受美国反倾销的必要条件，也不是中国产品招致美国反倾销的原罪；②美国对中国产品反倾销调查带来负向贸易效应，课征终裁反倾销税产生不利的贸易效应，显性比较优势上升显著地促进了美国从中国进口产品，它对美国对中国产品反倾销交互项产生正向贸易效应；③中国涉案产品 RCA 强度能够削减同期内美国从非被诉方产品的进口转移，尽管跨期内已失去削减贸易转移的功效。因此，坚守中国制造业的显性比较优势是重要的，它将继续支撑中国经济的可持续增长。

李双杰、李众宜、张鹏杨（2020）利用中国工业企业数据、海关数据库和全球反倾销数据库数据，经验分析了对华反倾销对中国企业创新的影响与作用机制。结果显示，对华反倾销对中国企业创新存在着显著的抑制作用，这一结论在考虑内生性及多种稳健性检验下均成立。进一步的企业异质性研究发现，反倾销显著降低了出口企业和非出口企业的创新能力，但对出口企业的负面影响更大；此外，反倾销对低生产率企业和非国有企业的创新具有负面影响，而对高生产率企业和国有企业的创新影响不明显。进一步探究存在以上异质性的原因发现，反倾销带来的融资约束包括内源融资约束和外源融资约束，均是反倾销抑制企业创新的重要渠道。动态考察反倾销对企业创新的影响发现,反倾销对企业创新的负面影响在一个较长时期内均存在。

高新月(2020)测算了 2000～2013 年中国企业的出口产品质量水平,并利用世界银行全球反倾销数据库,采用双重差分法分析了国外对华反倾销对中国企业出口产品质量的影响,试图从出口产品质量的视角揭示遭遇反倾销可能带来的"意外之喜"。结果显示:①中国企业在遭受反倾销后,确实会对其出口行为进行调整,从而推动出口产品质量的上升。②遭受反倾销对出口国产品质量的提升作用会受到企业特征和产品特征的影响,即反倾销前企业出口产品质量越低、企业生产率水平越低、产品替代弹性越大,则反倾销对企业出口产品质量的提升作用越大。③异质性分析表明,遭受反倾销后,中西部地区企业、单一产品或单一出口目的国企业、国内企业的产品质量提升较大。

可见,关于中国对外反倾销调查与外商在华直接投资关系的研究,主要限于外国企业以直接投资形式规避中国对外反倾销措施的情况,多数文献说明了这种现象的存在,也提出了相关政策建议,但是对两者相互关系述及者寥寥无几。在当前的贸易投资一体化条件下,在一国采取反倾销后,外国企业往往会做出反应措施,这些反应措施往往会对反倾销措施的效应产生一定影响。因此,需要对反倾销与 FDI 关系做动态双向分析。

2.4 跨国公司直接投资的国际研究成果

从全球来看,大规模的外商直接投资始于跨国公司海外经营的 20 世纪 50～60 年代,是"二战"后的国际经济发展中非常重要的国际经济活动之一。在研究中主要关注的是外商直接投资与国际贸易的相互关系问题,替代国际贸易型投资、与国际贸易互补型投资和补偿型投资。其实,外商直接投资活动远比这三种传统的理论复杂得多。尤其是在发展中国家在"冷战"后加入到外商直接投资大潮中以后,外商直接投资研究在理论和实践方面均有了巨大进展。相关的国外最新的研究主要集中在 FDI 决定因素方面。

传统的外商直接投资理论是与跨国公司理论相关联的。从最早的垄断优势理论、内部化理论、产品生命周期理论、国际投资的折衷理论到边际产业理论和小规模理论等，都在沿着外商直接投资发生原因的逻辑演进，这方面的研究已深入到对跨国公司自身以外东道国的政治、法律、金融等投资环境因素的研究。

Massimo Motta、George Norman（1996）发现国家规模的增加导致直接投资分散化，而更便利的市场进入会引致出口基地型的直接投资。区域内市场进入的便利化促使区域外的企业向区内投资，从而减少产品价格、区域内企业的利润，增加了总福利和总剩余。一体化经济更可能因提高了市场进入可能性而获得比严格的外部政策更高的收益，也希望为外来投资提供激励政策。

Qian Sun、Wilson Tong（2002）认为对中国的 FDI 性质已发生变化。累积性 FDI 与当地投资相比对新 FDI 有负面影响。因为外商倾向于在 FDI 竞争较少的地区投资，所以地方官员应该优化投资环境。

Christopher J. Ellis、Dietrich Fausten（2002）研究表明不同的所有权结构产生不同的 FDI 动机。他们对比了日本集团式企业、韩国式企业和美国竞争式结构，发现所有权结构对新进入 FDI 有着显著影响。

Mark Yaolin Wang、Xiaochen Meng（2004）以深圳为研究对象，分析跨国公司的空间和产业模式选择的演变以及在哪种程度上当地政府能够影响跨国公司的区域和产业选择。结论是深圳市政府已经创建了一种可以最大化其在全球化进程中获利的能力，吸引外资制造业，尤其是增加其目标产业高新技术产业的份额。案例表明，强有力的当地政府的支持对促进经济增长和应对全球化进程中的挑战具有重要作用。

J. W. Fedderke、A. T. Romm（2006）对南非经济增长与 FDI 的决定因素进行了深入研究，按照标准的投资外溢以及内外区位选择进行估计，发现从长期来看内外资投资之间是互补关系，存在外资向内资企业正向的技术外溢效应。但是短期内存在对内资企业的挤出效应。在南非的 FDI 是资本密集型投资，意味着更多的是水平型投资，而非垂直型投资。在南非的 FDI 受净收益率以及 FDI 风险影响。政策工具会是直接和有效的。所以可能的政策选择有：降低政治风险、保护财产权、扩大市场规模、中等化工资水平、降低企业税、保证南非经济完全融入世界经济等。

Parantap Basu、Alessandra Guariglia（2007）采用 119 个发展中国家的面板数据分析发现，FDI 同时促进不平衡和增长，并可能降低受资国农业在 GDP 中的份额。利用一个二元结构的增长模型分析发现，转型部门（农业）使用落后技术，而 FDI 是现代部门发展的引擎。

Hidefumi Kasuga（2007）对企业净价值与投资的研究显示出金融资源的相对影响取决于该国的收入水平、金融结构、政府基础设施。文章运用 64 个发展中国家的面板数据估计了每一种金融资源的影响。结论是企业净价值是有影响的，表明金融体系的影响可以解释为何储蓄—投资相关度在发达国家高，而在发展中国家低。

Pavida Pananond（2007）发现泰国跨国公司战略在金融危机前后表现各异。危机前跨国公司倾向于依靠网络能力，而不是依靠特定的产业技术；危机后则倾向于强调特定的产业技术能力，特别是泰国公司倾向于注重特定的产业技术能力，并改变他们那种人格化的以人际关系为基础的网络，以此形成更透明和正式的关系。

Ivar Kolstad、Espen Villanger（2007）使用 1989～2000 年 57 个国家的产业层次的直接投资数据，分析了东道国总体直接投资和服务业直接投资的决定因素。企业组织的质量和民主比一般投资风险和政治不稳定性似乎对服务业的 FDI 更为重要。民主仅影响发展中国家的 FDI，意味着民主缺失对一定规模的投资是有害的。服务业是一个市场追求型产业，不受贸易开放度的影响，但是研究还发现制造业的直接投资与为制造商服务的金融与运输直接投资有很强的关联性。

Matthias Busse、Carsten Hefeker（2007）选取了 83 个国家 1984～2003 年的数据分析了对跨国公司影响最大的因素。结果显示，政府稳定性、内外冲突、腐败和族群关系紧张、法律与秩序、政府的民主可靠程度和官僚体系的质量等因素显著影响外资的流入。

Yothin Jinjarak（2007）受发展中国家宏观经济波动和频繁的政策变动启发，提供了跨国跨产业的证据证明东道国宏观经济风险与 FDI 之间的关系。对每一产业都用垂直 FDI 份额作为到母国的出口与本地销售的比例。采用 1989～1999 年的数据，发现美国跨国公司在高垂直 FDI 份额产业的 FDI 活动对宏观需求、供给和主权风险的负面效应的反应异常大。然而，当东道国企业质量和总的 FDI 份额足够低时，跨行业的垂直和水平投资对宏观风险的反应就会消失。

Ilan Noy、Tam B. Vu（2007）运用 1984～2000 年 83 个国家的数据研究了资本账户政策对 FDI 的影响，发现在控制其他宏观变量后，资本账户开放度对 FDI 有正效应，但影响相当有限。在很大程度上，一国的其他特征在决定 FDI 方面要比资本账户的影响还要大。同时还发现，资本账户控制很容易被腐败和政治不稳定性的影响规避。因此，资本账户自由化不足以吸引更多的 FDI，除非把它与较低的腐败和政治风险相联系才可奏效。

Céline Azémar、Andrew Delios（2008）指出 FDI 与其决定因素之间的弹性因国家发展水平不同而大相径庭。由于这方面的研究都集中在发达国家，这对发展中国家对 FDI 的企业税的影响就显得更为关键。作者使用 1990～2000 年日本企业对外投资的区位选择数据，比较了地区税率在发达国家和发展中国家中的不均衡。通过对日本与发展中东道国税收之间的相互影响进行研究，发现日本与该国的税收豁免协定的签订会影响日本企业的区位选择。虽然税收竞争在发展中国家很激烈，但是这种竞争不会导致这些国家为争取 FDI 而设置零税率的结果。

Sung - Hoon Lim（2008）认为东道国设立投资促进机构（IPA）会促进 FDI 流入。他用最大可能性结构方程估计了作为东道国 FDI 环境与 FDI 流入的中介的投资促进的有效性。实证结果显示，投资促进的有效性受 IPA 的成立时间的长短、其海外员工的密度、员工的数量等影响。可见，提高 IPA 的有效性可通过市场协调其他决定因素来作为吸引外资的有效手段。

T. Ushijima（2008）对 20 世纪 90 年代日本的 FDI 与当地银行健康状况关系进行了分析，420 家企业 FDI 的研究表明，企业的主要银行和非主要银行的健康状况对该企业的全球 FDI 有重要影响。主要银行要比非主要银行的影响小，这意味着紧密的银企关系尽管部分地降低了银行健康状况恶化的影响，但回归分析表明，银行健康状况的敏感度在企业和项目之间存在差异，且变化模式和银行健康状况影响其信用。

James B. Ang（2008）利用 1960～2005 年的年度时间序列数据分析了马来西亚外国直接投资的决定因素，结果显示，实际 GDP 对 FDI 流入有显著正向影响，GDP 增长率对 FDI 流入有微小的促进影响。从政策角度来讲，这些结果显示金融发展水平的提高，基础设施和贸易开放度能促进 FDI 流入。另外，高税率和实际汇率的上升降低 FDI 流入。有趣的是，宏观经济的高不确定性反倒吸引了更多外资流入。

马野青、陈思、唐莹（2016）认为随着发展中国家经济发展，世界经济格局发生了很大变化，发展中国家地位不断上升，为我国经济发展赢得了有利的国际环境。但 2008 年金融危机爆发以后，由于国际国内环境的变化，我国开放型经济发展面临着国际需求疲弱、贸易保护主义盛行、国内比较优势下降、产能过剩等诸多挑战。同时，新一轮科技革命孕育的全球范围的产业转型以及我国技能型劳动力的增加、国内需求的上升、产业配套环境的完善、创新驱动战略的实施等又带来诸多新的机遇。

孙好雨（2019）使用 2004～2013 年中国企业对外直接投资的数据，在企业层面探究了对外直接投资能否以及如何促进对内投资发展。实证结果显示：①在短期内，对外直接投资能够有效促进企业对内投资水平的提高，但长期来看，对外直接投资不再对企业的对内投资产生影响；②水平类对外直接投资对企业对内投资的促进作用较弱，而垂直类投资与生产服务类投资对企业对内投资的促进作用更强；③对外直接投资对企业对内投资的促进作用通过提高企业生产率、扩大企业规模以及提升企业出口额的方式实现；同时，投资目的国在具有税收水平低、融资便利、技术发达与政治清廉的特性时，对外投资对企业对内投资的促进作用更为显著。本书的实证结果对如何创新投资方式、响应"一带一路"倡议均具有重要意义。

田政杰、董麓（2019）针对"逆全球化"背景下，中国面临的困难提出政策建议。一方面，反倾销调查的贸易案例增多，品牌贸易的缺乏以及知识产权和技术性贸易壁垒的纠纷问题逐年增多；另一方面，在新国际贸易准则的冲击下，中国参与准则制定的话语权较低，并一直受到冲击。当然，有挑战也有机遇，"逆全球化"背景下中国应该参与新国际贸易规则的制定，提升国际地位，发挥自身优势，提高本国贸易标准，开展绿色、服务产业，促进国内经济转型。策略应对：促进经济平稳发展；坚持改革，促进对外开放；保证贸易双方的利益均衡；着力推动周边区域经济一体化进程；提升自贸区的贸易便捷化。

王聪、林桂军（2019）使用2000～2014年中国上市公司财务数据、海关企业进出口数据以及世界银行临时贸易壁垒数据，首先修正了已有企业全球价值链（GVC）参与程度测度方法，并对中国制造业上市公司参与全球价值链程度进行了全面分析，然后利用倾向得分匹配—双重差分法，识别了美国对华"双反"调查（反补贴和反倾销合并调查）对上市公司GVC参与程度的影响。本书研究发现：美国对华"双反"调查对上市公司GVC参与程度造成了显著负向影响；"双反"调查主要通过直接效应抑制上市公司GVC参与程度，即"双反"调查通过抑制上市公司出口影响上市公司对进口投入品的需求，从而降低上市公司出口产品中的国外增加值；异质性检验发现，国有上市公司、西部上市公司以及高GVC参与程度上市公司受到美国对华"双反"调查的负向影响更大。最后得出结论：需要高度重视美国对华"双反"调查对上市公司GVC参与程度的负向影响。

许培源、王倩（2019）基于"一带一路"国家间的制度异质性引发的高投资壁垒和风险，以及合作区企业的"集体行动优势"和"政府保障优势"，建构境外经贸合作区理论。以中国对"一带一路"沿线65个国家的投资数据为样本的实证检验也表明："一带一路"国家间的制度异质性引发的高风险和高壁垒显著抑制了中国企业的海外投资，政府为合作区企业克服"集体行动难题"提供的选择性激励和利用政府间外交关系"保驾护航"，能够帮助合作区企业克服国家间的制度异质性引发的高投资壁垒和风险。因此，"一带一路"的"五通"应致力于为境外经贸合作区的建设和运行创造良好的条件，以"一带一路"引领境外经贸合作区发展。

陈继勇、陈大波（2020）对"一带一路"沿线国家引进外资与国内投资进行统计分析，使用动态面板模型实证研究"一带一路"沿线国家的引进外资与国内投资之间的替代互补关系，结果表明："一带一路"沿线国家的引进外资与国内投资在短期与长期内都呈现出替代关系，引进外资对国内投资的替代强度随时间而减少，绿地投资对国内投资的替代强度在短期和长期都高于跨国并购对国内投资的替代强度。"一带一路"沿线国家经济增长率、人力资本及储蓄率都促进了国内投资，而"一带一路"沿线国家的对外直接投资与经济自由度都抑制了国内投资。基于此，中国应不断扩大市场开放程度，引导外资企业进入与国内企业互补性较强的产业；同时鼓励国内企业进行境外投资，并与"一带一路"沿线国家国内投资形成良性互补关系；中国与"一带一路"沿线国家应营造良好营商环境，促进投资自由化与便利化；中国应大力推动优势产能输出，加强国际产能合作。

杨挺、陈兆源、韩向童（2020）认为，2019 年，世界正经历百年未有之大变局，民粹主义和逆全球化思潮有所抬头，保护主义和单边主义对世界经济的负面影响逐步显现，推进"一带一路"建设进入深水区和攻坚期。中国经济稳中向好、长期向好的基本趋势没有改变，对世界经济增长的贡献率稳居世界第一。中国政府将继续健全促进对外投资政策和服务体系，搭建开放合作新平台，推进国际产能合作和第三方市场合作，开创开放共赢新局面。中国企业将加强合规建设，打造中国投资品牌，树立中国投资形象。中国对外投资合作事业逐步进入高质量发展阶段，并且稳步向投资强国迈进。

杨振兵、严兵（2020）通过倾向得分匹配和倍差法建立实证模型考察企业对外直接投资（OFDI）对产能利用率的影响，并对其影响机制进行深入探讨。发现中国工业部门整体的产能利用率多年维持在 0.65 左右；OFDI 对产能利用率的提升具有显著的积极影响，在加入控制因素以及行业、时间、地区固定效应甚至更换匹配比例之后该结果仍然稳健；投资到发展中国家的 OFDI 比投资到发达国家的 OFDI 对产能利用率的积极影响效果更强；OFDI 对产能利用率的影响还体现出明显的所有制结构、企业产能利用率水平的差异；OFDI 主要是通过影响生产侧产能利用率的提升，进而对综合产能利用率产生积极影响，这一效果是通过对技术进步与投资替代产生中介效应而实现的。

刘友金、冀有幸、曾小明（2020）采用 2010～2015 年中国 A 股上市公司数据，综合运用内生转换回归模型和边际处理效应模型考察了 OFDI 对企业升级的异质性影响。研究发现：①OFDI 能促进以生产率提升为标示的企业升级，这种提升作用主要通过研发投入效应、逆向技术溢出效应、规模经济效应等中介机制实现。②反事实估计结果表明，OFDI 企业如果选择不对外直接投资会抑制其升级，非 OFDI 企业如果选择对外直接投资则会促进其升级。③全样本的边际处理效应分析结果显示，当企业 OFDI 的潜在成本越低时，其边际处理效应越高，升级效应也就越大。④从分样本 OFDI 企业的平均升级效应来看，高新企业大于传统企业，技术密集型企业大于其他要素密集型企业；在潜在成本非常低的情形下，国有企业和对"一带一路"沿线国家投资企业的边际升级效应分别大于民营企业和对非"一带一路"沿线国家投资企业。研究发现，对于如何分类引导企业"走出去"、降低企业对"一带一路"沿线国家投资成本以及促进企业升级具有重要启示意义。

袁其刚、闫世玲、郜晨（2020）认为，腐败在经济学中一般被界定为政府官员滥用公共权力以牟取私人利益的行为。伴随着外商直接投资的快速发展，腐败与外商直接投资的相关问题引起众多学者的广泛关注。总结并评述关于腐败的主要测度方法，系统梳理腐败对 FDI 规模的影响、FDI 对腐败的逆向影响、腐败距离对 FDI 的影响、腐败对 FDI 技术溢出的影响等相关研究，发现现有研究的不足，为今后研究指明方向。

赵春明、陈开军（2020）认为对外直接投资通过投资动因、投资区位选择和产业关联效应，影响比较优势的动态变迁、产业结构和贸易结构的转型升级，促进贸易高质量发展。改革开放以来，我国对外直接投资规模和质量显著提升，但仍存在投资总量偏小且波动较大、投资行业布局不尽合理、投资的国内区域发展不平衡、投资的国际风险加大等问题。应充分利用对外直接投资的技术进步效应，大力发展民营企业对外贸易与对外直接投资，培育和建设一批世界领先的跨国公司与全球公司，进一步强化我国对外直接投资与对外贸易发展的协调和共振效应，推动贸易高质量发展。

协天紫光、樊秀峰、黄光灿（2020）基于中国企业对外直接投资追踪数据，详细考察了东道国便利化建设与中国企业对外直接投资二元边际之间的关系。结果表明：第一，东道国便利化建设显著促进了中国对外投资扩展边际的增长，但对集约边际的作用效果并不明显，且克服内生性问题之后，上述研究结论仍然成立。第二，异质性分析表明，投资对经济周期十分敏感，世界经济的复苏和发展有助于中国资本"走出去"。同时，与能源行业相比，便利化建设更有利于推动运输和房地产行业投资扩展边际的提高。另外，东道国发展阶段的差异和中国投资政策导向的差别也将会产生异质化作用，非低收入经济体和政策导向国推进便利化建设对投资扩展边际增长的驱动效应更加明显。第三，进一步的渠道分析表明，便捷的营商环境、透明的政策环境与健全的金融服务是提高投资扩展边际的关键所在。该研究对于从东道国便利化发展角度理解企业对外直接投资的结构特征具有一定的参考价值，同时揭示了便利化建设将在推动全球新一轮的投资浪潮中扮演更为重要的角色。

王静（2020）认为从 2013 年提出"一带一路"合作倡议以来，中国对"一带一路"沿线国家直接投资整体呈较快发展趋势，投资潜力日益凸显。但是总体上当前我国在"一带一路"的对外直接投资（OFDI）还存在总体规模不大、整体质量有待提升、基础部分尚待夯实等问题。目前美国是世界上最大的对外直接投资国，可以从美国 OFDI 迅速成长的历史背景、发展历程、成长路径以及成功要素入手分析美国经验对中国的启示。

郭卫军、黄繁华（2020）利用 2003～2016 年中国对 43 个国家直接投资的面板数据，实证研究了东道国外商投资壁垒对中国 OFDI 的影响。结果表明，东道国外商投资壁垒的减少对中国 OFDI 呈现出显著的促进作用。分国家样本看，外商投资限制的减少对中国 OFDI 的影响在发达国家和发展中国家之间存在异质性，发展中国家外商投资限制水平的降低能够显著增加中国 OFDI 规模，而对于发达国家则不显著。分行业看，东道国农业、采矿业和制造业进一步开放的积极作用不明显，而对于零售业、金融服务和商业服务等服务业来说，不断减少投资限制将会显著增加中国 OFDI 的流入，同时还发现，东道国技术禀赋对其投资限制减少对中国 OFDI 的积极影响具有显著的调节效应，即具有较低技术禀赋的东道国外商投资限制的减少更能促进中国 OFDI 的流入。

当前对于外商直接投资的研究更加注重投资环境中的东道国投资促进政策和政治腐败因素、法律环境因素，甚至对宗教因素也给予了相应关注。这意味着一味地依靠降低税收、提供优惠政策已经不能起到吸引外资的作用，还需要优化投资环境，为跨国公司提供有稳定预期的经营和竞争环境。

目前，发展中国家以税收优惠等优惠待遇为主要手段，这会导致各地区之间为吸引外资竞相竞争，条件越来越优惠，最后导致甚至迷失了吸引外资的目标，而一味地争取投资金额。这一现象导致吸引外资的工作表面轰轰烈烈，实际收效甚微，甚至对国民经济造成了损害。

2.5 近10年的贸易救济相关文献

师建华（2011）认为从WTO成员在对华贸易中频频使用贸易救济措施和制造贸易摩擦来看，我国已成为世界贸易摩擦的最大受害国。灵活运用国际贸易救济措施，最大限度保护自身发展，是我国汽车产业的必修课。他还认为任何成员方采取反倾销措施，都会影响其他成员方的利益，可以通过反倾销的磋商和争端解决途径寻求解决。保障措施的实施应遵循无歧视原则，对所有同类进口产品应一视同仁。即根据协定规定，不能只对某一成员的进口产品实施保障措施，而对其他成员的同类产品大开绿灯。

杨仕辉等（2012）基于美国1998~2007年对外反倾销案的动态面板数据，应用一阶差分广义矩估计方法，结果表明，国关税和反倾销措施在被诉国和被诉行业中都存在贸易破坏效应和贸易转移效应，其中，对中国反倾销的贸易效应最大，比较关税与反倾销措施对被诉国出口的影响，发现美国实施反倾销措施的贸易破坏效应和贸易转移效应远大于关税。

杨励、张宇翔（2013）对美国贸易救济体系运作机制的条款基础、职能架构及其整体的运作过程进行了详细的梳理和案例研究，认为要进一步细化我国贸易救济各部门的职责划分，完善我国贸易救济的组织体系。

贾志红（2013）认为我国已经成为受到贸易保护主义损害最明显的国家之一，国内出口企业的利益无法得到有效的保障。为了改善这种局面，我国政府、行业组织和各个企业应该齐心协力、认真磋商，积极寻找应对策略，对相关行为做出调整，并规范出口秩序，尽快清除贸易保护主义的障碍，切实维护我国企业正当、合法的利益。

张斌（2014）通过对美国、欧盟、加拿大和澳大利亚4国2004~2013年所有对华反补贴终裁案件800多项可诉补贴项目的统计和比较，得出外部基准对华适用情形广泛，但国别之间存在显著差异，外部基准对华使用频率显著高于内部基准。

王孝松等（2014）聚焦于中国出口产品遭遇的反倾销壁垒对出口增长的二元边际所产生的影响，计量结果表明，贸易伙伴发起的反倾销措施显著抑制了中国出口增长的内涵边际和外延边际，并且反倾销措施对外延边际的抑制效应要大于对内涵边际的抑制效应。

张斌（2015）对 2004～2013 年的 58 起反补贴终裁案件进行了分析，认为在这 10 年中对华反补贴的基本特征是：受调查补贴项目广泛、外部基准是度量补贴利益的基本方法、补贴率在同类案件中偏高、中方政府和企业的应诉状况有待改善。

杨卉（2016）以质量解体模型研究了贸易质量与经济增长之间的关系，结果表明质量与人力、资本、技术等投入要素有关，与需求国的经济水平、进出口国之间的空间距离、贸易制度因素也有一定的相关关系，且贸易质量提升会促进经济增长。

王冠楠（2016）基于"国际经济与国际政治是密切相关的，即经济联动模式与权力结构分配之间必然存在着相互作用的客观规律"这一认识，认为中美新型大国关系既存在一定的战略竞争，又能在一定范围内实现较为稳定的合作。在这个竞争与合作的过程中，中美战略与经济对话机制、中美双边投资协定谈判的实质性进展，都将发挥关键性的作用。

魏浩等（2017）从进口来源地结构的角度分析了中间品进口对企业全要素生产率的影响。研究结果表明：中间品进口来源地数目增多、进口来源地集中度下降有利于企业全要素生产率水平的提升；同时从发展中国家和发达国家都进口的企业、一般贸易进口企业、外资企业、有出口行为企业的生产率提升效应显著。

王孝松、吕越、赵春明（2017）使用对中国总贸易流量的完整分解方法发现：在考察期内，反倾销会使相关行业总出口的国内增加值率降低 4.5%～28.7%；使相关行业最终产品出口的国内增加值率降低 3.4%～17%；使相关行业中间产品出口的国内增加值率降低 1.2%～8.5%；反倾销措施还会使相关行业参与 GVC 地位指数下降 8.2%～28.6%，使相关行业的上游度指数增加 3.2%～13.7%。

闵树琴、刘宁（2018）从多产业和总体角度分别用 GL 指数测度产业内贸易水平并分析 G 指数变化的影响因素，结论显示，我国总体处于贸易劣势，其中机电业贸易劣势最大，市场规模差异、需求结构差异与产业内贸易水平负相关；外商直接投资对产业内贸易水平影响较小。

童伟伟（2019）采用世界银行区域贸易协定数据库等的数据，从多个方面对我国自贸协定（FTA）中的非关税措施条款进行特征分析，结果表明，我国各FTA在非关税措施条款方面总体上保持了较高的覆盖率与可执行性，尤其是在海关程序、TBT、SPS以及与贸易有关的知识产权条款方面更是如此，不过针对政府采购、与贸易有关的投资条款的覆盖率相对较低。

李波、刘洪铎（2019）利用1999~2016年HS四分位贸易数据，研究发现中国对美出口集约边际的提高不利于中美产业内贸易的发展，而扩展边际的提升则显著提高中美产业内贸易水平，无论中国出口美国的产品是否遭受反倾销调查，中国对美国出口集约边际程度的提高都会降低其产业内贸易水平，但扩展边际提高仅促进不存在反倾销调查产品的产业内贸易，中国出口美国产品的集约边际的提升仅抑制垂直型产业内贸易发展，但扩展边际的提高则对垂直型和水平型两类产业内贸易同时具有推动作用。

吕越等（2019）从全球价值链的视角，分析了美国对华发起贸易争端的动因、影响以及中国应对之策，认为中美贸易摩擦的直接原因是经济全球化背景下的中美贸易失衡，深层次原因是两国在政治经济利益上的冲突，中美贸易摩擦将直接导致中美双边贸易额下降，对全球供应链和产业链产生冲击，引发贸易、投资转移效应，中间进口品成本上升，国民福利下降。

戴魁早、方杰炜（2019）利用2000~2015年中国制造业25个细分行业的面板数据，分析发现出口贸易壁垒在一定程度上促进了中国制造业出口技术复杂度的提高，进口贸易壁垒则阻碍了制造业出口技术复杂度的提高，研究还发现，贸易壁垒对不同技术特征制造业细分行业出口技术复杂度的影响存在差异。

余振、陈鸣（2019）构建出2006~2015年中国对29个国家（地区）的11个制造业行业的投资及这些国家（地区）对应行业对华反倾销存量的面板数据，东道国（地区）对华采取反倾销措施整体上会促进中国制造业对东道国（地区）的投资，营商环境较好的东道国（地区）相较于营商环境较差的东道国（地区）的反倾销措施更容易促进中国企业对其投资，资本密集型行业相较于资源密集型行业和劳动密集型行业的反倾销措施更容易促使中国企业对其投资。

程大为等（2019）对美方谈判代表莱特希泽的贸易思想进行梳理，她指出莱特希泽的谈判思路是基于双边关系的，试图寻求降低两国之间的贸易壁垒。赵忠指出中美贸易摩擦会对我国就业，尤其是大学生等高技能人才的就业产生负面影响。

祝福云、申蓉蓉（2019）基于 2001～2007 年我国遭遇反倾销调查的企业数据及相关全球价值链数据研究表明，全球价值链参与度对企业生产率有显著的正向影响，而反倾销对企业生产率的提升作用仅发生在当年，并不存在滞后效应，且不同企业在面对反倾销调查时显现出差异性特征。

余俊强等（2020）利用中国月度出口数据以及双差分模型，发现美国对中国反倾销调查显著降低了中国涉案产品的出口量，美国反倾销调查使中国涉案行业中的资源重新分配到高效率的企业中去，从而提高了中国涉案行业在美国的整体竞争力。

高尚君（2020）通过对欧盟针对中国发起的贸易救济调查的研究，认为中国现在直至将来依然是欧盟救济调查的最大对象国，但并非是针对中国实施贸易救济措施最多的经济体；从欧盟运用贸易救济工具看，传统贸易壁垒和新型贸易壁垒不断融合，反倾销和反补贴调查并用不断强化。

王开、佟家栋（2020）将 2009～2017 年美方实施的所有贸易壁垒与中方实际遭受影响的 HS－6 分位的出口产品进行了匹配，研究发现，在总体层面，美方贸易壁垒会产生非常显著的"提前出口"预期效应和"抑制出口"持续效应；在行业层面，由于国内进口替代行业的压力，美方贸易壁垒仅对中国具有出口比较优势的行业有显著的影响，而对中国暂时处于比较劣势的行业没有明显的影响。

林学军、张文凤（2020）基于贸易摩擦的新视角，研究发现，贸易摩擦频率与持续时间会造成中国吸引外商直接投资的非效率，在贸易摩擦发生的背景下，外商直接投资对全球价值链地位攀升的促进作用被减弱。因此，为促进全球价值链地位攀升，我国应该创新吸引外商直接投资机制，并加强与其他贸易伙伴的经济纽带，寻求新的价值链闭合以缓解单一依赖带来的压力。

杨成平等（2020）运用断点回归设计的研究思路，基于真实贸易数据，通过对比受同一贸易政策影响的不同样本的贸易变化情况，判断是否发生了出口贸易转移，研究发现，从中国的出口额来看，美国加征关税的政策效果还不显著；从出口增长率上看，美国加征关税后，中国对美国的出口增长率受到较大冲击，增速放缓。

赵平、王欣（2020）认为中国遭遇摩擦也具有学习积累效应、信号传递效应、改革推动效应等潜在积极效应。中国必须加快培育自主创新企业群、激发经济增长新动能、推动国际多边经贸合作、完善国际贸易摩擦应对机制，促进贸易摩擦的潜在积极效应转变为现实趋势，化解贸易摩擦带来的不利影响。

马弘、秦若冰（2020）梳理了美国自 20 世纪 70 年代以来在制造业、服务业、外商直接投资和对外直接投资等方面的开放程度和结构演变，认为美国贸易政策的转向在很大程度上可以归结为经济和贸易结构的转变。

2.6 本章小结

本章对于反倾销、直接投资等相关问题的文献综述表明，反倾销的转移效应和跨国公司在反倾销壁垒下的合谋行为对于反倾销税的保护效应影响很大。同时也发现，跨国公司的投资战略已经不能用原有的传统理论来得到完全解释，跨国公司的直接投资决定因素已经发生变化。在贸易投资重叠性下，对反倾销、直接投资的相互作用的研究就有了新的意义。当前反倾销的泛滥与跨国公司的全球化生产的重叠性就是了解纷繁复杂的国际经贸摩擦的一把钥匙。国际经贸摩擦之所以愈演愈烈，就是因为原本可以有效的反倾销措施在跨国公司做出战略反应后可能被化解、减弱甚至反而保护了跨国公司在东道国的子公司。

3　贸易投资重叠性解析

3.1　贸易投资重叠性的概念

目前，国内学者对于贸易投资一体化的研究较多。所谓贸易投资一体化，是指在以跨国公司为主导的、以要素分工为特点的国际分工体系中，跨国公司通过在全球范围内配置和利用资源，并进行全球生产和经营。这使得越来越多的国际贸易和外商直接投资，在跨国公司的安排下，围绕着跨国公司国际生产的价值链，表现出相互依存、联合作用、共生增长的一体化现象。

本书所提出的贸易投资重叠性是指在要素流动条件下，在国际范围内国际贸易和国际投资的成本可以转移的基础上，在产业分布、流向、产品分布方面表现出的重叠性趋势。重叠性是贸易投资一体化在产品内分工基础上的深化和具体化。这种重叠性对于国际经济已经产生了重要影响，尤其是反倾销贸易投资一体化的迅速发展，对国际分工和国际贸易格局产生了深远的影响。国际贸易的基础由比较优势转变为以跨国公司的数量和在国际范围内整合资源的能力为主的竞争优势；国际贸易格局中目前的公司间产业内贸易正向巨型跨国公司内产业内贸易发展。公司内贸易中高科技精密零部件的比重不断加大，国际贸易利益中的动态利益地位日益突出，一国开展国际贸易更强调贸易对就业、技术进步、税收、GDP 等的促进作用。

在目前的研究中，学者们对贸易投资一体化的认识稍有差异。南京大学的张二震教授、上海社科院的张幼文研究员都把贸易投资一体化看作是要素分工的结果。也有如上文提到的卢锋（2004）、孙文远（2006）等把产品内分工看作是贸易投资一体化的主要形式。贸易投资重叠性是由冯宗宪教授在 2005 年的国家自然科学基金项目"开放条件下反倾销壁垒对外国直接投资作用机理与模式选择"课题中明确提出的。一般来讲，贸易投资重叠性有以下几种情形：完全重叠：贸易品与外商投资生产的产品完全重叠；部分重叠：贸易品与外商投资生产的产品部分重叠；完全不重叠：贸易品与外商投资生产的产品完全没有关系。静态贸易投资重叠性关系如图 3 - 1 所示。

图 3 - 1 静态贸易投资重叠性关系图

以上三种情况，前两种是外商直接投资与国际贸易在现阶段最主要的表现形式，也就是产业内贸易、产品内贸易，亦被称为跨国公司内部贸易的现象。第三种完全不重叠的现象就是传统贸易理论所分析的产业间贸易现象。在理论上，完全重叠与完全不重叠有着类似的地方，本书主要分析国际贸易与国际投资部分重叠性（不完全重叠）的情形，这是当前国际经济活动的主流现象[①]。

这里主要从中国海关税则的分类目录与中国鼓励外资投入的产业目录的重叠关系矩阵、中国反倾销涉及产业与外商直接投资产业重叠矩阵、反倾销品与投资品重叠矩阵来分析贸易投资重叠性的具体表现。

首先，通过对海关 HS 分类的 21 大类可贸易品与鼓励外商投资产业对照分析可见，中国吸引外资产业中制造业、科学研究、现代物流业、交通运输业等在吸

---

① 当然，如果从动态角度来看，贸易投资重叠性可能表现为战略重叠性。这有可能表现为一国未来发展的产业或技术重点领域将在将来某个时期与他国可能出现重叠，这有可能导致该国与他国在未来存在竞争性或对当前领先国家构成战略威胁。本书将在中美贸易战案例分析中运用此概念。

引外资与可贸易品重叠度方面最高，在涵盖了 23 个子项的制造业中表现尤为突出。这在一定程度上反映了国际范围内贸易与投资的重叠性趋势①。

其次，从中国反倾销案件涉及的行业以及相关的鼓励外商投资产业的相关性分析可见，中国的涉案行业主要有化工、信息、轻工、冶金行业，这与中国投资促进目录基本重叠（见表 3 - 1）。

表 3 - 1　中国反倾销产品与外商直接投资产业重叠关系矩阵

| | | 中国进口反倾销产品涉及行业 | | | | |
		化工	信息	轻工	冶金	造纸
外商直接投资产业	化工	(1, 1)	(1, 0)	(1, 0)	(1, 0)	(1, 0)
	信息	(0, 1)	(1, 1)	(1, 0)	(1, 0)	(1, 0)
	轻工	(0, 1)	(0, 1)	(1, 1)	(1, 0)	(1, 0)
	冶金	(0, 1)	(0, 1)	(0, 1)	(1, 1)	(1, 0)
	造纸	(0, 1)	(0, 1)	(0, 1)	(0, 1)	(1, 1)

注：(1, 1) 表示二者重叠；(1, 0) 表示该行业有外商投资，但无反倾销发生；(0, 1) 表示尚无直接投资的产业，但有反倾销发生。

资料来源：笔者根据商务部网站信息整理而得。

特别需要说明的是，在众多的外国对华反倾销案件中，由于中国企业的优势在于劳动密集型产业，所以国外对华反倾销涉及的产品有服装、纺织品、鞋类、海产品、蔬菜类、钢铁制品、传统机电产品等。但同时其中也存在美国、欧盟、日本等发达国家和地区对来自中国的化工产品采取反倾销措施，这里仅选取具有代表性的部分化工产品（5 种）反倾销案件予以说明，同样使用矩阵法表示为如表 3 - 2 所示的形式：AD_i 表示反倾销产品，I_j 表示外商投资产业生产的或相关产品。

其中涉及的反倾销产品，AD_1 为羟基乙叉二膦酸；AD_2 为合成纤维短纤；AD_3 为对苯二甲酸乙二醇酯；AD_4 为聚乙烯醇；AD_5 为聚酯薄膜②。对照中国吸

---

① 参见附录 4。

② 资料来源：中国贸易救济网，http：//www.cacs.gov.cn/cacs/anjian/fanqingxiao。

表 3 - 2　外国对华反倾销产品与外国对华直接投资产品重叠关系矩阵

		发达国家对华反倾销产品（AD_i）				
		AD_1	AD_2	AD_3	AD_4	AD_5
外商投资产品（I_j）	I_1	(1, 1)	(1, 0)	(1, 0)	(1, 0)	(1, 0)
	I_2	(0, 1)	(1, 1)	(1, 0)	(1, 0)	(1, 0)
	I_3	(0, 1)	(0, 1)	(1, 1)	(1, 0)	(1, 0)
	I_4	(0, 1)	(0, 1)	(0, 1)	(1, 1)	(1, 0)
	I_5	(0, 1)	(0, 1)	(0, 1)	(0, 1)	(1, 1)

引外资目录，可以看出这些被反倾销产品其实就是美国等国的跨国公司的子公司在中国生产的出口产品，这种冲突的出现使国际反倾销局势更加复杂化了。当然，存在这种相互冲突可能会是不同国别跨国公司之间在同类产品竞争过程中出现的利用东道国反倾销与直接投资的冲突，这种现象其实就是跨国公司在东道国国内相互竞争的一种形式，即通过国内贸易救济政策协助本国跨国公司在第三国的竞争。

　　最后，根据现有的中国反倾销案件，构建了中国进口反倾销所涉及的化工产品与外商投资品重叠性关系矩阵①，可以看出，中国反倾销产品大多数产品都与外商投资产业目录相重叠。这种现象在某种程度上可以看出反倾销有促进外国在华直接投资的作用。

　　从以上的矩阵分析中可以清楚地看出，国际贸易与跨国公司直接投资出现了四个层次的重叠：一是可贸易品与国际投资品出现了一定程度的重叠性；二是中国进口反倾销涉及的产业与中国鼓励外商投资产业目录也呈现出很大程度的重叠性；三是中国反倾销产品与外商直接投资生产产品的重叠性；四是外国对华反倾销产品与中国吸引外商直接投资生产产品的重叠性。随着跨国公司全球化经营的深化，贸易投资重叠性会在跨国公司不断深化的全球化生产与经营中逐步深化发展。

---

　　①　见附录3。

3.2 与贸易投资重叠性有关的概念

3.2.1 贸易投资重叠性与要素分工

当前的国际分工从产品分工发展到产品内分工，国际经济活动的基础发生了改变，导致新的国际经济现象的出现，贸易投资重叠性是其中的一种具体表现。

3.2.1.1 贸易与投资——从替代到互补

对外贸易与对外投资历来被看作是企业国际化的两个重要手段，而且传统理论认为两者是一种非此即彼的关系。早期的对外投资理论说明了这一点，比如在影响最广的邓宁的国际生产综合理论中，出口、对外投资、许可证贸易三者是一种要么是你、要么是我的关系。当企业只有所有权优势而无区位优势和内部化优势时，企业通过许可证安排的方式来获利。如果只具有所有权优势和内部化优势而无对外投资的区位优势，企业就会在国内投资生产，通过出口贸易来参加国际经济活动。只有具备以上三种优势，企业才会对外直接投资。蒙代尔直接研究了贸易与投资的关系，从严格的数理推导上论证了贸易与投资是一种替代关系。

随着实践的发展，人们意识到，企业的对外投资行为并非与对外贸易相互背离。Helpman（1984）认识到跨国公司的总部服务（管理、销售网络、研发）可以服务于工厂层面的生产，即在公司内部可以把总部服务看成是具有非排他性和非竞争性的公共产品。在各国间要素禀赋存在差异的情况下，跨国公司追逐最大利润的要求会使得跨国公司把原本在国内的生产转移到国外。Helpman 研究的是垂直型跨国公司的情形；Markusen 和 Vellables（1998）则把研究推向水平型跨国公司。如果两国在各方面都很相似，当贸易的成本较大时，公司层次规模经济比工厂层次规模经济更为重要，跨国公司就会在本土以外安排工厂进行生产。这些理论已经不再把贸易与投资看成是一种对立关系，而是一种互补关系。这种情况的出现，是因为国际分工从产品分工发展到了产品内分工。跨国公司把对外投资当作对中间投入品生产的一种控制，而不再是贸易的替代物。

3.2.1.2 要素分工与贸易投资一体化

要素分工的发展使有实力的企业可以在全球范围内安排生产，并把不同的生产环节安排到最适合生产的地方。这些有实力的企业作为"价值链"的组织者，一个最重要的任务就是保持生产过程的流畅。在"福特式"的流水作业中，由于生产集中在同一个工厂内部，监督生产流程较为容易，而把生产流程拆散在全球进行，直接的监督变得不再可能。跨国公司究竟如何管理遍布全球的生产过程？

Feenstra（2005）曾以中国为案例用"合约理论"来解释跨国公司对生产过程的控制。跨国公司对生产过程的控制表现在两个方面：一个是对中间产品生产企业所有权的控制，另一个是对进口中间投入品的控制。Feenstra（2005）发现，在中国的跨国公司大多拥有工厂的所有权，而把进口材料的控制权交给中方经理。一方面说明公司对中方经理的激励，激励其进行人力资本、管理、市场知识等方面的投资；另一方面说明在工厂内部的剩余安排中，产品增值更为重要，而经理的管理相对较少，这样跨国公司不但完全有能力控制整个生产过程，而且能有效地激励中方经理。跨国公司对工厂所有权的控制是通过投资来进行的，企业这种微观上的行为从国家的视角来看，就表现为大量的投资伴随着大量的贸易，即贸易投资一体化，这里的贸易投资一体化更多具有重叠性的特征。

在要素分工背景下，随着贸易量的不断增加，中间产品贸易也不断增加。由于中间产品贸易规模的扩大导致中间产品市场交易成本的下降，协调中间产品生产所需要的努力减少，这将会吸引资本流入，也就是科斯所指的企业的边界就会扩展。跨国企业发现，通过对外投资来取得中间产品生产的控制，尽管在地理距离上变得更加遥远，但由于各国之间巨大的禀赋差异，而且协调成本不断降低，跨国企业将取得更大的利润。同时，由于大量的资本流入国从事"加工贸易"，这些流入资本的最初目的就和传统的国际投资理论所揭示的目的有所不同，它们最主要的目的并不是要抢占一国的市场，而是要充分享受东道国的"比较优势"，它所生产的产品注定是要出口的。如在中国的加工贸易出口中外商直接投资企业所占的份额比例，从1995年的59.9%上升到2005年的83.7%，足以说明加工贸易中外资企业的份额（见表3-3）。

表3-3　外商投资企业加工贸易占中国加工贸易的比例（1995～2005年）①

年份	1995	1996	1997	1998	1999	2000	2002	2003	2004	2005
出口比例（%）	0.570	0.758	0.317	0.662	0.672	0.706	0.661	0.787	0.812	0.832
进口比例（%）	0.636	0.667	0.679	0.704	0.715	0.740	0.689	0.809	0.828	0.844
总比例（%）	0.599	0.720	0.467	0.679	0.692	0.720	0.672	0.796	0.818	0.837

3.2.2　贸易投资重叠性：从产品分工到要素分工

首先，从商品交换到生产要素的重新组合。长期以来解释国际贸易现象的主流理论是"比较优势"理论以及新贸易理论，尽管两者强调的因素各不相同，但两者都有一个共同的假设，那就是要素在国家之间不能自由流动。正因为这个假设，国家之间是通过商品交换来参与国际分工的，国际贸易是各个国家参与国际分工的唯一途径。尽管由于国际贸易的多因性，有些国际贸易现象并不是"比较优势"理论以及新贸易理论所能够解释的，但这些理论从其诞生之日起，解释了绝大多数的国际贸易现象。

然而随着实践的发展，特别是经济全球化的深入发展，世界各国在不断降低贸易壁垒的同时，投资的自由化也在不断发展。发达国家的跨国公司纷纷登陆发展中国家，而发展中国家也纷纷给予优惠政策以吸引外资流入。根据联合国贸发会议的资料，20世纪90年代初期，全球直接投资的流量每年在2000亿美元左右，2000年突破1万亿美元大关，达1.3万亿美元。2000年以后虽有所回落，但在2004年以后开始回暖，2006年全球直接投资总额为1.4万亿美元。另外，受始发于2007年的美国次贷危机的影响，目前已波及全球的金融危机，2007年全球共有1.83万亿美元的直接投资。这虽然短时期内会在规模上影响全球直接投资，但是不会从根本上改变外商直接投资与贸易发展的根本趋势。

要素的全球流动带来生产方式的巨大变化，跨国公司把原本不能流动的资本、技术、管理等要素安排到其他国家，与东道国的要素相结合以完成产品的生产。国家之间已经不再是传统贸易理论所描写的仅仅是简单的商品交换，而是不

---

① 1995～2005年是中国加工贸易占比最高、发展最迅速的10年，故而采用该区间的数值作为参考。

同国家的不同要素共同参与同一产品的生产过程。

其次，从产品分工到要素分工转换。传统的国际贸易理论至少需要解释两个问题：一是贸易产生的原因；二是贸易模式或者说贸易的流向。20 世纪 90 年代以后，大量的国际贸易难以用传统的贸易理论来解释。在国际经济中很容易观察到这样的现象，从资本禀赋不足的国家出口资本密集的产品，一些技术落后的国家出口大量的技术密集产品，这些现象很难用要素禀赋来解释，用新贸易理论所强调的规模经济因素也同样难以给予合理的解释。贸易流向更是难以用传统贸易理论来解释，由于各个国家之间参与生产环节的分工，贸易流向更多地受产品流程的制约，而越来越少地受制于禀赋差异等因素。之所以经典国际贸易理论在解释当今国际贸易现象时捉襟见肘，是因为国际贸易的基础——国际分工已经由产品分工转变为要素分工和产品内分工。

古典与新古典的"比较优势"理论所解释的是产业间贸易，新贸易理论所解释的是产业内贸易，两者的共同研究对象是最终产品，且国际分工的界限是产品。当前全球化的发展使国家之间在生产环节、生产工序上发生分工，这种分工在产品的内部，分工的界限是生产要素。国际分工已经从产品分工发展到要素分工和产品内分工，国际分工更加深化了。值得指出的是，当前产品内分工与要素分工并存，要素分工和产品内分工有不断扩大的趋势。

最后，要素分工的三个必要条件。要素分工和产品内分工现象本身十分复杂，它涉及国际经济学、发展经济学、管理学等多个学科，不同的学科均尝试从不同的视角进行研究。这里的研究依然与国际贸易理论所研究的经典问题有关，鉴于要素分工的复杂性，并且这一现象还在不断发展中，认识程度还有待于提高，所以先对这一现象进行一些抽象的描述。

（1）要素分工的组织者：跨国公司。要素分工最直接的表现是中间产品的贸易，实际上中间产品的贸易由来已久。传统意义上的中间产品贸易主要表现在两个方面：一是已经标准化了的中间产品的贸易；二是跨国公司内部中间产品的贸易。第一方面的中间产品贸易无任何新奇之处，分析这一现象可以采用传统的分析工具，简单地把中间产品看作最终产品，传统的贸易理论依然适用，这些贸易现象还是处于传统贸易理论可以解释的范围。对于第二方面的中间产品贸易，传统的贸易理论将其归结为跨国公司理论研究的对象，一直处于可解释又难以解释的状态，因为传统的贸易理论和投资理论一直处于割裂状态。问题是，第二方面的中间产品贸易理论近年来得到长足的发展，并且发生了变形，表现为国际范围内的产品内分工生产。这种分工生产而产生的国际贸易已经不局限于跨国公司内部，而且出现于各类跨国公司之间。跨国公司的内部贸易已经很难概括这种新的贸易形式。

新的贸易形式的第一种依然可见公司内贸易的痕迹。跨国公司以直接投资的方式在母国以外设厂，生产组成最终产品的中间产品。这样，在东道国与母国之间就产生了中间产品的贸易。这种方式近年来的发展主要表现在：一件最终产品被分解为更多的中间产品，更多的生产阶段分布在更多的国家，贸易流向变得复杂而不可捉摸，东道国与母国之间可能无贸易流产生。对于一些内部产权结构复杂的跨国公司产品，许多东道国经常无法分清究竟自己在为谁生产。对于这种贸易，如果仅仅从最终产品的形成过程来观察贸易流向，可能是无序的。实际上，这些看似无序的贸易流动被跨国公司牢牢掌握，跨国公司基于全球竞争策略考虑生产的布局、贸易的流向，以增强跨国公司在全球范围内的竞争力。

新的贸易形式的另一种已经完全脱离了公司内贸易的痕迹。一方面，这种形式的中间产品贸易不需要跨国的资本流动，跨国公司与东道国中间产品生产者不是通过"要素契约"联系在一起的，从而跨国公司对中间产品生产者并无绝对的控制；另一方面，两者之间也不是通过"商品契约"联系在一起的，两者的关系较市场上的买卖双方更为密切一些；两者通过所谓的介于商品契约与要素契约之间的"超市场契约"联系在一起，跨国公司在全球范围内安排这样的生产，形成庞大的介于市场与企业之间的"第三种组织"。在跨越国界的组织之间的中间产品流动，形成中间产品的国际贸易。这种形式的贸易源于公司内贸易。

随着科学技术的进步，通信成本与运输成本大幅下降，市场的"交易成本"随之也大幅度降低，原来只能在企业内部发生的交易通过市场进行交易更加经济；原先因为国际中间产品市场的不完全而只能在跨国公司内部进行的交易，现在可以通过市场来完成，公司内贸易演变为看不出跨国公司痕迹的新形式产品内分工的生产与贸易。如中间产品进一步标准化，市场"交易成本"继续下降，这种形式的贸易将完全脱离跨国公司的痕迹，演变为可用传统贸易理论进行分析的贸易。

上述两种形式的中间产品贸易尽管在形式上有所差别，但共同的特点是都在跨国公司的控制之内。在传统的国际贸易理论中，究竟谁来生产，为谁生产这些问题是由市场来解决的。而在要素分工条件下，看似无序的商品生产与交换实际上由一只"看得见的手"来引导，这只手就是跨国公司。这就产生了一个有趣的现象，随着全球化的不断发展，全球的生产与交换反而变得越来越有组织。

（2）参与国的"比较优势"。尽管要素分工条件下的贸易方式与传统贸易方式有很大的区别，但这并不意味着比较优势不发挥作用。当跨国公司安排全球生产，需要把一个环节放在某两个国家中的一个，这时比较优势将会发生作用，拥有比较优势的国家将获得为跨国公司生产的机会。从总体上说，发展中国家在劳动力要素上具有比较优势，发展中国家参与的也经常是劳动密集型国际生产环节。

值得注意的是，要素分工条件下的比较优势较传统意义的比较优势有很大的发展。以劳动力资源为例，大部分发展中国家都拥有丰富的劳动力，但仅有少数国家，如中国等获得为跨国公司生产的权力。许多发展中国家的劳动力成本远远低于中国，但在吸引跨国公司产业转移上的能力却远逊于中国。即使在中国内部，跨国公司的产业转移也仅仅是安排在沿海地区，而拥有更低生活成本即更低劳动力成本的广袤的内地却很少能够成功吸引跨国公司的关注。在要素分工条件下，跨国公司要求东道国从事某个环节的生产，这个环节的生产仅仅依靠劳动力要素是不够的，还需要资本要素、技术要素等。此外，出于商业秘密或者技术专利方面的考虑，一国的软环境也很重要。

参与要素分工一方面需要越来越综合化的比较优势，另一方面比较优势也存在不断增强的分解化趋势，即由于最终产品被分解为越来越多的生产环节，在任何一个生产环节上具有比较优势都可以参与分工。在比较优势的综合趋势与分解趋势共同作用下，跨国公司根据成本最小化的原则权衡考虑。

（3）产业层次的"规模经济"。东道国承接跨国公司生产环节生产的另一个条件是"规模经济"。规模经济是指产业水平上的规模经济，即外部经济。外部经济的产生是因为随着同一产业内生产同类产品的厂商数目的增加，使得单个厂商的成本曲线大大下移了。生产成本下降所导致的厂商竞争力提高，使其容易成为跨国公司青睐的对象。除了降低厂商的生产成本外，更为重要的是，产业层次的规模经济可使同一产品的市场容量变大。有关市场容量与分工之间的关系,亚当·斯密最先在《国富论》中提出"市场规模限制劳动分工"假说,习惯上被经济学家当作定理(斯密定理)而较少研究,直到20世纪50年代,斯蒂格勒对此做了进一步的拓展,以此来解释企业的垂直一体化行为。"斯密定理"的要义是,随着市场容量的扩大,其分工的广度和深度都加大。

"斯密定理"从两个方面解释外部规模经济对要素分工的作用:第一,跨国公司在全球范围安排中间环节的生产,首先要做的是在全球范围内"搜寻"合作伙伴,"搜寻成本"是影响跨国公司决策的因素之一,市场容量越大,跨国公司越容易寻找到合作伙伴。而且同一产业内的厂商数目越多,愿意按照跨国公司的要求进行生产的企业出现的可能性也就越大。第二,市场容量越大,"扼制"问题越容易解决。对于跨国公司来说,把不同生产环节安排在不同地区生产,任何一环的生产都不能出问题,如果东道国的中间产品生产商以此要挟跨国公司,跨国公司可能会遭受巨大损失。因此,把生产环节安排在市场容量大的国家或地区以减少东道国企业的"敲竹杠"行为,是跨国公司安排全球生产中的重要决策之一。对于东道国企业来说,按跨国公司的定制要求进行生产,面临一定的风险,东道国企业可以要求跨国公司预付一定比例的定制费用以减少风险。在买方市场状况下,如果跨国公司拒绝预付,并且在产品完成后违约,东道国的生产企业将蒙受损失。市场容量越大,东道国厂商在跨国公司违约后,越容易寻找到其他潜在的买主,以减少损失。总之,一个产业的规模越大,所形成的产品市场的广度与深度越大,也越容易成为跨国公司的合作伙伴。

3.2.3 贸易投资重叠性的基础:产品内分工

产品内分工是一种特殊的经济国际化演进过程或展开结构,其核心内涵是特定产品生产过程不同工序或区段,通过空间分散化展开成跨区或跨国性的生产链条或体系,从而使越来越多的国家或地区企业参与特定产品生产过程不同环节或区段的生产或供应活动。产品内分工有如下特点:

(1)产品内分工是国际分工形式的进一步发展。国际分工的形式正在从产品间分工向产品内分工发展,这是经济全球化导致的国际分工细化的一个必然结果。现代科技的发展、全球资源利用成本的降低和远距离多时空经营交易的便捷化，以及要素流动障碍的逐步降低，使得迂回生产在相当大的程度上成为了国际迂回生产。价值链上的各项生产活动，由于市场规模的提高和交易成本的降低，得以在国际间实现更加专业化的细分，国际分工越来越表现为相同产业不同产品之间、相同产品内不同工序不同增值环节之间的多层次分工。这种分工的边界是产品生产的各个工序、流程及生产要素，是价值链上具有不同要素密集度和不同规模经济特征的各个生产环节之间的分工。

（2）跨国公司成为产品内分工的主体。随着跨国公司的迅速发展，跨国公司经营的企业内国际分工、跨国公司之间的国际分工、地区经贸集团所组织的分工以及协议性国际分工，成为国际分工的主流。国际分工已经从国家层面向企业层面发展，跨国公司逐渐成为国际分工的主体。大型跨国公司日益倾向于专业化发展，以及倾向于更加集中在知识密集、非有形的功能上，如产品设计、研发、管理服务及营销和品牌管理等增值环节，而将更多的产品内部的各生产性环节分包给世界各地的合同制造商。

（3）产品内分工丰富了国际交换关系的内涵。传统的国际交换是通过世界市场实现的国家之间的产品交换，交换发生在不同国家不同企业不同产品之间。国际分工的发展和细化以及国际迂回生产链的不断延伸，丰富了交换关系的内涵。生产活动也表现得更加社会化和国际化，这表现为战后中间产品贸易占贸易总额的比重呈现不断上升的趋势。而中间产品国际交易的增多，在很大程度上改变了市场机制中交易关系的组合，使企业之间的关系更加突出，跨国公司这种市场以外的制度安排得到了更为深刻的发展。交换也可以发生在同一国家（跨国公司设在同一国家的不同分支机构之间）、同一企业（跨国公司内部）、同一产品（不同生产环节）内。于是，国际分工的实现方式从单纯依赖外部市场上的国际贸易实现分工，转向外部与内部市场并存、公司间贸易与公司内贸易并存的多元格局。

（4）产品内分工使得国际劳动分工呈现不平衡化。在纵向上，产品内分工表现为分离出不同的层次，各个国家依据比较优势，在产品内分工中发展合适的工种和层次，而与产品内分工相伴随的是劳动分工的国际间不平衡发展。一方面，处在分工的较低层次上的劳动的横向差别减少，资产专用性弱化为通用性。这个层次的国际分工的"进入壁垒"很低，是广大发展中国家参与国际分工的主要形式，并仅以简单劳动要素参与国际分配。另一方面，处在较高层次的劳动差别扩大并日益专门化，专业化知识在分工中的重要性日益显著。与之相伴的是越来越多的基本生产要素日益专门化而成为专用性资产。这个层次的国际分工"进入壁垒"和"退出壁垒"都较高，其参与者不仅以劳动，而且以专业化知识和专用性资产参与国际分配。

由此可知，文中所述的要素分工和产品内分工是具有同样含义的。要素的概念起源于赫克歇尔—俄林要素禀赋理论，其实就是指为生产最终产品而投入的生产要素，而产品内分工则是从国际生产分工方式角度进行分析，国际分工可以分为最终产品或是以产品内要素为基础的产品，两者在本书中具有同样的含义。

3.3　贸易投资重叠性的特点

在产品内分工条件下，贸易投资一体化突出表现为贸易投资活动的重叠性。这种重叠趋势使国际经济具有如下主要特点：

（1）产品内分工使生产要素的种类不断增加，同种要素的质量具有明显的差异（在传统贸易理论中假定要素是同质的），最主要的是要素的流动性大大加强，各国要素的积累处于动态的变化之中。随着要素的不断流动，由于各个国家的政策和经济实力不同，对要素的吸引力也不同，从而导致各个国家所拥有的要素量和比例都在发生着变化，由于在各国间要素积累的速度存在很大的差别，所以会引起国际间比较优势和产业分工形式的改变。

（2）跨国公司归于核化生产趋势。为了生存和维持各自的竞争优势，特别是核心竞争力，跨国公司必定将非核心业务分离出去，集中精力发展自己的核心业务，根据各国的要素优势，将其业务配置在任何一个可以获得最佳利润的地方，在全球范围内整合资源，以取得最佳配置。

国际分工已经从以水平分工为主发展到以垂直分工为主，从以整体分工为主发展到以零部件分工为主，从以工序分工为主发展到以零部件分工为主，实现了车间和零部件的国际化。也就出现了跨国公司内部一体化（横向和纵向）与外部一体化（横向和纵向），市场竞争越激烈，外部一体化的可能性越大。

值得注意的是：跨国公司内部一体化与外部一体化与传统的纵向一体化外商直接投资理论与横向一体化外商直接投资理论不同，因为它们的分析前提不同。传统理论分析跨国公司的投资行为是以跨国公司具有竞争优势和比较优势为前提，而现在的分析是以跨国公司维持和获得竞争优势为出发点，两者之间具有本质上的差异。因此得出的结果也截然不同，前者的国际投资对国际贸易有替代效应；后者的国际投资对国际贸易则有"几何级数式"的互补效应。现在跨国公司的行为模式是：投资（在不同国家生产不同的零部件）→贸易（把零部件运往装配国）→投资（零部件装配成最终产品）→贸易（把最终产品销售到各个国家）。可以说，贸易是实现投资行为最终目标的手段，只有通过贸易，投资的最终目的才能实现，也就是贸易、投资必定共存且相互促进。上述的"投资—贸易—投资—贸易"模式，在全球范围内表现为贸易投资重叠性趋势。

随着国际经济环境的变化，根据市场的变化和竞争的需要，一些著名跨国公司立足全球，对生产经营实行全球性战略安排，把别国的市场和资源纳入其全球性的安排之中。企业从单纯追求原料供应和产品市场，过渡到跨国投资和经营、资金、技术、人员在国际间的流动更加自由。跨国公司以其雄厚的资金、技术、人才和管理优势，充分利用新出现的技术，将一个产品的生产和服务的提供细分成几个不同的阶段，并把不同的阶段分布在不同的国家中，以最大限度地利用各个国家最具有比较优势的生产要素，通过各个环节的最优化形成整体的竞争优势。一个企业并不能保证每一个环节都有比较优势，那些真正创造价值的经营活动才是企业价值链的战略环节。因此，许多跨国公司只将战略环节紧紧地控制在企业内部，其他非战略环节则通过外包、许可证等委托方式完全或部分地分散出去。这样本国的跨国公司变为世界范围的总公司，在全球范围内设置生产基地和销售机构，建立国际商务信息网络，构建全球研究开发体系，利用其他国家、地区的要素优势，减少经营成本、增加灵活性，增强竞争力。

跨国公司全球战略的实质就是在世界范围内优化、配置和利用全球资源。世界各国都有自己的要素禀赋及相应的比较优势，经济发展在微观上要求企业追求利润最大化，而实现这一目标的基础就是既要积极开拓国际、国内市场，扩大生产规模，又要在生产上充分发挥自己的比较优势和利用他国的比较优势，由此实现更为细致的分工。

可见，以产品内分工为切入点，对贸易投资重叠性进行研究具有同样重要的意义。不同的是要素分工主要是从构成最终产品的要素角度分析贸易投资一体化现象，具有要素禀赋贸易理论的特色；而产品内分工理论的逻辑起点似乎可以看作是由新贸易理论的产业内贸易和产业间贸易的划分延伸而来。如上所述，两种分析方法具有相同的内涵，且都关注由此而导致的贸易投资重叠性。

3.4 贸易投资重叠性：特征事实

3.4.1 国际统计数据[①]

依据联合国贸发会议数据，2000 年以来，国际贸易的增长和外商直接投资增长的区域分布出现了重叠性趋势。如表 3 - 4 所示，2004 ~ 2006 年的世界商品出口增长率都大于当年的世界商品生产增长率，高出 1 倍以上，如这 3 年平均世界商品出口增长率为 5.5%，而世界商品生产增长率只有 2.5%。在制成品领域表现得最为明显，2006 年制成品贸易增长了 10%，可当年的制成品生产率增长只有 3.5%，这充分说明制成品可能出现在国际之间的多次流动。这一现象其实就是各国在产品内分工条件下跨国公司全球化的合作与生产的体现。

表 3 - 4 2000 ~ 2006 年世界商品出口与生产增长率[②]   单位:%

	2000 年 6 月	2004 年	2005 年	2006 年
世界商品出口	5.5	9.5	6.5	8.0

---

① 资料来源：世界贸易数据，2007 UNCDTAD，http：//www.unctad.org/。
② 由于世界经济在 2008 年金融危机以后的各项数据并不显著区别于此区间数值，不会影响本书研究结论，因而不做更新。以下统计数据也依此处理。

续表

	2000 年 6 月	2004 年	2005 年	2006 年
农产品	4.0	4.0	6.0	6.0
燃料与矿产品	3.0	6.0	3.5	3.0
制成品	6.0	11.0	7.5	10.0
世界商品生产	2.5	5.0	3.5	3.0
农产品	2.0	5.0	1.5	1.0
矿产品	1.5	4.5	1.5	1.0
制成品	3.0	5.5	4.0	3.5
世界 GDP	3.0	4.0	3.5	3.5

表 3 – 5　2000~2006 年世界商品贸易增长率（按所选地区划分）　　单位:%

	出口			进口		
	2000 年 6 月	2005 年	2006 年	2000 年 6 月	2005 年	2006 年
世界	5	7	8	5	7	8
北美	3	6	8	5	6	6
南美洲、中美洲	6	8	3	6	14	14
欧洲	4	4	7	4	4	7
欧盟（25）	4	4	7	3	4	7
英联邦国家	8	4	6	17	18	21
亚洲	10	11	13	9	8	9
日本	6	5	10	3	2	3
东亚六国	8	8	11	6	6	8

资料来源：世界贸易数据，2007 UNCDTAD，http：//www.unctad.org/。

　　按产品分类来看，2000~2006 年的国际货物出口贸易年均增长 5.5%，2004 年最高，达 9.5%，2006 年也达到 8%，在农产品、能源和矿产品、制成品中，制成品出口增长最快，达到 6%。在全球商品生产中，各类产品生产增长率基本上是其同类产品贸易增长率的一半左右。从国际贸易出口增长率来看，亚洲 2000～2006 年平均增长率为 10%，日本为 6%、东亚六国为 8%。进口增长率方面，英联邦国家增长最快，年均 17%，2006 年更是达到 21% 的强劲增长。居第二位的是南美洲和中美洲，2005 年、2006 年的增长率都达到 14%（见表 3-5）。在进出口贸易增长率方面的差异使国际贸易处于一个贸易摩擦纷呈的复杂局面。

表 3-6　2006 年世界各地区商品贸易流量份额一览表

目的国 来源国	世界	北美	南美洲、 中美洲	欧洲	英联邦 国家	非洲	中东	亚洲
份额								
世界	100.0	100.0	100.0	100.0	100.0	100.0	100.0	100.0
北美	14.2	38.4	28.4	5.5	2.8	7.7	11.0	11.1
南美洲、中美洲	3.6	5.7	29.5	1.7	2.1	4.0	2.1	2.2
欧洲	42.1	18.3	17.6	71.3	48.7	42.6	33.8	12.9
英联邦国家	3.6	1.0	2.0	4.8	27.7	2.0	3.5	1.6
非洲	3.1	3.4	3.0	2.9	0.5	11.6	1.7	2.6
中东	5.5	3.1	1.2	2.0	1.0	7.4	18.8	12.0
亚洲	27.8	30.1	18.4	11.8	17.1	24.7	29.2	57.7

在 2006 年世界贸易份额中，以及在世界出口贸易中，欧洲、亚洲和北美是全球出口主要地区，占全球的 84.1%。其中，北美内部出口贸易占其总出口的 38.4%，对亚洲出口占 30.1%，对欧洲出口占 18.3%。欧洲内部贸易占其总贸易额的 71.3%，亚洲内部各国贸易占 57.7%（见表 3-6）。可见，全球贸易明显集中分布在这三大主要区域。

如表 3-7 所示，截至 2007 年，全球 FDI 存量共计 743290.39 亿美元，发展中国家流入 FDI 共计 198907.4 亿美元，占 26.76%，转型经济国家共流入 FDI 17968.1 亿美元，占 2.4%，发达国家占 70.9%。与上文所引用的国际贸易数量分布呈现重叠性的趋势。

表 3-7　2000~2007 年世界各地区直接投资流量、存量一览表①

单位：百万美元

年份		2000	2001	2002	2003	2004	2005	2006	2007	总计
全球	流量	1398183	824444.8	625167.88	561056.2921	717695.5	958697.5	1411018	1833324	
	存量	5786700	6164222	6759522	8170827.207	9587059	10180063	12470085	15210560	74329039
发展中国家	流量	256624	214391.3	170965.97	180114.235	283617.6	316407.3	412972	499720.5	
	存量	1738255	1798397	1751447	2002028.721	2331480	2719224	3303169	4246739	19890740.04
年份		2000	2001	2002	2003	2004	2005	2006	2007	
转型经济国家	流量	6994.76	9762.274	11274.326	19891.97323	30366.86	30970.73	57166.52	85942.09	
	存量	60821.2	87990.56	115354.77	154275.9949	198602.4	273657.4	400896.2	505211.4	1796809.899
发达国家	流量	1134564	600291.2	442927.6	361050.1	403711	611319.5	940879.6	1247661	
	存量	3987624	4277834	4892720	6014522	7056976	7187182	8766020	10458610	52641489.62

　　由表 3-7 可看出，在世界三个主要经济区的贸易方式中，东亚的零部件贸易自 1992 年到 2004 年获得了长足发展。截至 2004 年，东亚零部件贸易所占的比重是三个区域中最高的，北美自由贸易区一直维持在一个稳定的份额，而欧盟则出现了显著的下降。同零部件贸易相比，东亚的最终产品贸易份额则是三个地区中最低的。由此，我们也可看出东亚区域生产网络的特点，即以零部件贸易为主，加工组装后的最终产品主要销售到区域之外。同时，2004 年东亚零部件进口比例达到 73.1%，欧盟达到 60%，北美自由贸易区达到 41.9%，这说明中间品贸易在东亚和欧盟所占比重相当大。

　　表 3-8 的数据表明，在全球范围内国际贸易（尤其是中间产品）的流向与国际投资的流向出现了明显的区域重叠性趋势。这势必对世界各国的经贸关系产生显著的影响。贸易投资重叠性是以新的产品内分工理论为基础，对传统的产品分工的分析框架做了有益的拓展，能够解释当前国际经济中出现的新现象。

---

① 资料来源：根据世界投资报告 2008 计算整理（http：//stats. unctad. org/FDI/Report folder/）。

表3-8　零部件贸易与最终产品贸易中区域内贸易所占比重　　　　单位:%

经济区域 零部件与最终产品			东亚	北美自由贸易区	欧盟
零部件	出口	1992 年	48.0	46.6	66.1
		2004 年	67.4	49.1	53.0
	进口	1992 年	62.7	43.2	69.8
		2004 年	73.7	41.9	60.0
	总额	1992 年	54.4	44.5	67.5
		2004 年	70.3	45.4	58.2
最终产品	出口	1992 年	36.7	50.6	59.6
		2004 年	40.4	61.8	53.6
	进口	1992 年	58.7	38.0	65.8
		2004 年	56.6	41.4	56.4
	总额	1992 年	45.2	43.5	62.6
		2004 年	45.2	49.7	54.4

资料来源：UN Comtrade。

3.4.2　中国统计数据

3.4.2.1　中国进口反倾销

中国加入世界贸易组织后，由于关税水平的降低，国外产品的进入门槛降低，受进口产品的冲击增大，国内企业寻求贸易保护的意识和手段不断增强。从1997 年3 月中国《反倾销与反补贴条例》正式生效，截止到2008 年底，中国反倾销立案共56 起，其中26 起发生在加入世贸组织后的两年时间里。到2019 年，中国共裁决反倾销案件164 起。反倾销旨在保护公平贸易，但是它在保护公平贸易的同时往往会与其他的经济活动产生一系列的相互影响，如反倾销调查与外国直接投资之间的相互影响。

1997 年，中国首次依法对进口新闻纸采取了反倾销措施，这标志着中国已经由被动应诉外国的反倾销诉讼转为主动使用国际贸易规则，成为中国在国际贸易中采用反倾销理论和实践的一个重要转折点。目前，中国前期的进口反倾销措施大多已经到期，那么中国采取的进口反倾销措施的经济效果如何呢？在贸易与产业演化的后期阶段，政府应当根据消费者利益、关税税收和生产者利益的不同权重谋求反倾销措施的社会利益最大化。在强化保护的同时，也应注意对社会公共利益的保护。因为倾销所直接导致损害的相关产业毕竟是局部的，而社会公共利益则关系到全局利益。

中国的进口反倾销措施在起到贸易救济及维护本国产业安全的作用的同时，也产生了不可忽视的损害下游产业利益的传导效应。因为中国实施的反倾销措施绝大部分是针对上游产业的产品，且对上游产业的保护将影响到以其产品为中间投入品的下游产业的利益。另外，反倾销保护有可能是保护了具有垄断地位的上游产业，因此会形成对下游产业供给的垄断。而对下游产业的影响同时也会通过市场传导机制波及其他相关联的部门，这种"波纹"效应进一步使反倾销的福利效应变得复杂。朱钟棣、鲍晓华（2004）等的研究证实了这一点。

3.4.2.2　贸易投资重叠性条件下中国反倾销的保护效应

在中国第一起新闻纸案实施后，据 2006 年有关方面的分析报告称，反倾销的目的基本达到。主要表现为：涉案产品价格回升，涉案国家和地区的产品进口数量明显下降，所占市场份额明显减少；做出肯定性终裁并采取反倾销措施后，多数涉案产品进口数量下降明显，进口价格方面呈同比上升态势。对 25 种终裁案件产品的 2005 年度数据跟踪显示，17 种产品从涉案国进口量呈下降趋势，16 种产品进口价格同比呈上升态势。其中，2003 年终裁的产品效果最为明显，除丁苯橡胶外，其余 10 种产品从涉案国的进口量都有所下降，全部 11 种产品价格均明显上升。2005 年终裁的水合肼是价格上涨幅度最大的产品，同比增长超过40%。另外，反倾销为受损害产业的恢复和发展创造了良好的环境，促进了产业结构调整和产业升级。

然而，随着中国吸引外资规模的扩大，外资企业在经济中的作用更加明显，突出表现为外贸依存度达到 60% 以上。反倾销措施往往与直接投资企业的进口出现"撞车"现象，外资企业的反对之声和中国相关企业的抱怨日渐高涨，反倾销的效应似乎没有上文的报告所显示的那么明显，甚至是很不确定的。与此同时，中国反倾销的立案数量有所减少，尤其是在 2006 年以后，2007 年立案 1 起，2008 年前半年立案 2 起，与 2005 年的 6 起和 2006 年的 5 起相比已大为降低。这表明，中国反倾销措施的选择已经受到来自各方面因素的影响。对于反倾销的效应需要在贸易投资重叠性条件下重新评价，以制定和执行正确的决策，有力地运用反倾销工具有效保护中国企业和国民福利。

中国的经济正在随着全球化进程不断深入发展。中国同时也成为世界反倾销诉讼案件的首要涉案国家，反补贴案件也在日益增多，中国与其他国家的国际贸易摩擦和冲突呈现出大幅增长的势头。据世贸组织统计，自1995年世贸组织成立至2019年底，成员方反倾销立案共5772起，针对中国产品的调查立案为1776起，占总数的23.76%，而2008年以前为18.6%。该数据充分说明中国已成为世界上遭受反倾销调查最多的国家。在2008年全球经济逐步缓慢回暖的过程中，已进入贸易争端频发时期，中国毫无疑问将承受更多的国际贸易摩擦，而且呈现出逐步加剧的态势。未来15年，中国将完成从贸易大国向贸易强国的转变。在这一过程中，中国除了在纺织品、鞋类、家具等产品上与其他贸易强国发生贸易争端外，更多附加值高的产品也将与美欧发生国际贸易摩擦。这种剧烈程度首先体现在中国更多地卷入到与世界各国的贸易争端中。当前正在全球蔓延的国际金融危机，将会使这一趋势进一步恶化。

3.5　贸易投资重叠性发展的动因和决定因素

贸易投资重叠性的发展包括如下内容：产品内分工的深化、市场规模的扩大；异质要素的作用日益突出；现代科技使得交易成本降低；多边贸易体制的发展；各国的贸易自由化政策的支持和跨国公司的蓬勃发展紧密联系。这些因素表现为一个由内而外、微观到宏观、国内到国际的立体式国际经济网络。

3.5.1　产品内分工和市场规模使贸易投资重叠性成为可能

首先，产品内分工的基础是产品生产过程的不同工序在时间和空间上的可分割的产品生产过程分布到不同国家进行，就需要这一生产过程在技术上有可能被分解，并且不同工序有可能分布到不同时间和不同空间进行。技术决定了可被分解的最小单位的大小，从而间接地影响了贸易投资一体化的迂回程度。不同生产工序的时间和空间的可分离性越大，贸易投资重叠性潜在可能性就越大。其次，贸易投资一体化还取决于市场规模。斯密指出，"分工受市场范围的限制""分工起因于交换能力、分工的程度，因此总要受交换能力大小的限制，换言之，要受市场广狭的限制。市场要是过小，那就不能鼓励人们终生专务一业"。杨格（1996）深化了斯密的思想，指出市场规模"不是单纯的面积或人口，而是购买力，即吸收大量的年产出的能力"。对于特定中间产品生产和供给过程来说，只有足够大的市场规模，贸易投资重叠性带来的收益高于成本时，它才会成为企业的实际选择行为。

另外，贸易投资重叠性的深度也可以由相对收益和成本的比较来决定。因此不同行业的不同产品，其贸易投资重叠性的可能性和强度存在明显差异。只有某一生产环节达到最小经济规模，才能成为间接生产链的一个独立组成部分。但这只是技术属性上的独立，只有该生产环节达到最适度经济规模，即达到了单位生产费用的最低点，才有可能在制度属性上独立，作为一个独立的、专业化的市场主体（专业化的生产企业），通过交易参与社会分工。分工和专业化的发展过程就是市场规模扩大的过程，就是越来越多的生产环节达到最适度的经济规模的过程。因此，制度属性上的分工和专业化的演进，就会表现为随市场规模的扩大而"分解"的过程。

3.5.2 要素的异质性与规模经济的存在是贸易投资重叠性的源泉

依据特定的生产要求，生产过程不同工序对投入品要素组合可能存在不同投入比例要求，而由于不同国家之间要素的异质性，就有可能通过全球范围配置资源，产生贸易投资一体化。分工越细，中间产品的专业化生产程度越高，中间产品生产中投入的要素也就越专门化。一方面，来源于异质性的要素优势，使某个国家在某个生产工序上具有优势，并将在国际分工中进行这种专业化生产；另一方面，作为贸易投资一体化的结果，该国家更多地拥有这种异质的专门化要素。这样，贸易投资重叠性与要素异质性相互强化。

3.5.3 交易成本的降低是贸易投资重叠性发展的前提条件

贸易投资重叠性得以开展还取决于交易成本的降低。交易成本降低主要体现在交易过程中所必需的物流、商流、信息流及资金流的成本的大量降低上。首先，由于交通工具的发达，贸易投资一体化中的中间产品跨国的物流成本急剧下降，表现在远洋运输成本下降速度加快，航空运输发展更快，成本下降幅度更大。其次，商流和信息流的交流成本下降。如电话、电视的普及和改进，以计算机、互联网、移动电话为代表的全新通信方式出现和发展，造成距离远近对通信成本的影响趋于消失。互联网向所有人提供了一个开放的横向网络性的全球信息渠道。这些都大大降低了商流和信息流的传递成本。最后，银行业的高度发达和银行卡技术、网络银行的发展为资金的划拨支付提供了极大的便利，降低了交易风险和交易成本。跨国商品交易成本的锐减刺激了垂直专业化和贸易投资一体化的发展。

3.5.4 贸易自由化和多边贸易体制的建立是贸易投资重叠性的制度保证

贸易投资重叠性以中间产品跨越不同国家边境为前提，除了要支付一般意义上的交易成本以外，还会额外发生与跨越国境经济活动相联系的成本，如关税等，另外，还包括各国对国际贸易设置的限制壁垒作用。过去几十年间，通过不同途径推进的贸易自由化改革，尤其是作为多边贸易组织，GATT/WTO 九个回合多边贸易谈判，使发达国家的制成品的平均关税水平从40%左右下降到目前的3%~4%，大大降低了贸易投资重叠性的跨境交易成本，推进了全球贸易自由化进程。其中，贸易便利化措施由于能够显著降低分工贸易占用时间和其他稀缺资源的交易成本，因而对贸易投资重叠性具有重要意义。

3.5.5 各国的政策鼓励是贸易投资重叠性的催化剂

美国1963年开始实行的"生产分享项目"，欧盟的"外向加工贸易"等，对于某些生产工序分散到其他国家进行的产品，在返回母国时，予以减免关税待遇，这是发达国家较早实行的鼓励加工贸易政策之一，促进了美国和欧盟企业把它们产品的组装工序转移到邻国进行。

另外，很多发展中国家实行以鼓励出口加工为目标的经济政策，其采取的激励政策显然具有鼓励参与贸易投资重叠性的制度创新含义，从而大大促进了贸易投资一体化。政策主要表现为对原料和中间产品提供减免关税等财政激励。如到

20 世纪 80 年代末全世界实际运行的各种形态出口加工区已达 850 个，到 2019 年，各类自贸区、出口加工区多达 2000 个以上。事实表明，以出口加工区为制度平台实施的政策改革调整，对促进发展中国家参与加工贸易和贸易投资一体化起到了关键作用。

3.5.6　跨国公司是实施贸易投资重叠性的微观基础和组织保证

贸易投资重叠性的实质是跨国公司在全球范围内的资源整合。跨国公司依据不同区位的要素比较优势，将生产活动进行更加细密的专业化分工。跨国公司体系内产品、技术及人员在遍布全球的分（子）公司之间的跨国界流动程度更强，分工联系更为紧密，世界各国的生产过程经由跨国公司分支机构的活动建立起有机的内在联系，形成了"世界生产体系"的实体部分。生产不仅限于制造过程，且包括广义的增值过程。在制造业领域，增值过程包括从研发、制造、销售到售后服务的各个环节；在服务业领域，增值过程更是贯穿于服务提供的全部阶段。正是由于这种一体化的生产体系，导致在特定的产业和产品中，跨国公司对全球该产业或产品的控制加强，使国际分工超越了产业和国家的边界，而转向企业内部、产品内部跨国公司还可以作为一种减少交易成本和市场的不确定性的制度安排，其作为"一体化"企业的制度安排有两种方法：一是通过收购兼并，将上下游的"操作"或"职能"纳入企业内部，从而扩大该企业所能完成的职能范围；二是通过对新生产环节进行投资，在企业内部自行发展出需要"一体化"的"操作"或"职能"。企业通过"一体化"，把原本在制度上独立的"操作"或"职能"重新纳入企业内部，将原来的社会分工重新变成企业内分工，可以减少交易成本。

3.6　贸易投资重叠性的影响

贸易投资重叠性作为国际经济全球化发展的新现象，已经和正在对世界经济产生着重要的影响。概括起来有如下几个方面：

3.6.1 使国际分工表现为以跨国公司数量、规模和国际资源整合能力为主的竞争优势

在贸易投资重叠性条件下，资源比较优势已经不再是决定国际贸易分工的主要基础。在经济全球化、要素流动性日益增强的情况下，企业成为参与国际经济合作和竞争的主体。一方面，由于要素流动壁垒的降低，一国企业将无法独享基于本国资源禀赋的比较优势，外国跨国公司通过直接投资也可以加以利用，整合为竞争优势；另一方面，本国企业也可以利用和整合全球资源，从而创造企业的竞争优势。一国的比较优势实际上已经成为各国企业都可以利用的区位优势。一个国家所拥有的资本实力雄厚或者技术、管理上有竞争优势的企业越多，其利用国外比较优势获利的能力就越强。因此，贸易投资重叠性实质上是跨国企业依靠竞争优势，借助投资活动在全球范围内对资源进行整合。一国企业的竞争优势或者说一国企业利用贸易投资重叠性的机遇整合全球资源所创造的竞争优势，成为当代国际贸易分工的主要基础。

3.6.2 使得国际贸易格局更多地表现为产品内贸易

传统的国际贸易是以比较成本为基础的，国际贸易格局以产业间贸易为主，国际交换的对象属于不同的产业部门。伴随着贸易投资重叠性，国际贸易格局进一步发生了变化：虽然产业内贸易继续发展，但其贸易的对象、贸易的主体已与以前大不相同，跨国公司内贸易迅速增加，一些原来在跨国公司之间进行的产业内贸易也将有一部分转为在跨国公司内部进行，并且跨国公司内部的贸易更多地表现为产品内贸易。

跨国公司在垂直一体化国际投资战略中，往往直接掌控从事研究与开发或者关键零部件的生产，以确保技术领先的优势。对于普通、标准零部件则采用全球采购的虚拟一体化模式，以降低成本。这种战略导致国际贸易形式的变化：对应于前者，表现为精密零部件在公司内贸易中的比重不断上升；对应于后者，则表现为加工贸易在整个国际贸易中的比重持续提高，有可能成为未来国际贸易的主要形式。国际生产也就更多地表现为产品内分工生产。

3.6.3 国际贸易的动态利益地位日益突出

在贸易投资重叠性条件下，传统的以国家进出口额来计算国际贸易收支的统计方法已经不能准确反映一国的贸易利益。首先，由于资源的全球流动，出口产品并不是全部用本国要素生产，出口产品往往需要使用进口原材料和中间产品，甚至大部分进口来自最终产品进口国。这在加工贸易中表现得尤为突出：一些加工出口产品往往大部分原材料、零部件来自国外，加工出口国只获得了极为有限的加工费。其次，由于跨国公司的作用及资源的全球流动，一国的出口产品可能不是"本国企业"生产的，而是外国甚至进口国跨国公司的分支机构生产的。出口收入因此并不为出口国所独享，外国企业可以将出口利润汇出国外。特别是当发达国家的跨国公司在发展中国家开展国际化经营时，它们还不可避免地会使用转移价格的手段转移利润，发展中国家所获得的直接贸易利益更是大打折扣。在此情况下，国际贸易的动态利益成为发展中国家开展国际贸易、吸引外国投资的主要目标。一国能否从国际贸易中获益，主要看它对本国就业、税收、产业结构升级、国民收入、社会的现代化等方面的贡献。

3.6.4 国际间相互依赖性进一步增强

在贸易投资重叠性条件下，产品的生产过程包含了多个国家的投入，相关国家对这种分工的依赖性及其相互之间的利益关系，使国家之间的依赖性增加，贸易摩擦有可能因此减少。对于发达国家来说，通过贸易投资重叠性方式可以把劳动密集和技术简单的工序环节转移到其他国家，同时把附加价值比较高的资金、技术等要素密集的经济活动区段保留在国内进行。同时，发展中国家通过在贸易投资重叠性的供应链和价值链上提升，也获得了持续成长的现实可能性。在传统国际分工局限于行业、产品层面时，发展中国家通过初级产品参与国际分工谋求发展面临很多特殊困难；采用进口替代战略，实现产品升级，又受到技术资金和市场规模等方面的约束。贸易投资重叠性为发展中国家通过参与简单加工区段，在符合比较优势原理基础上融入国际经济系统提供了切入点，同时为它们通过在贸易投资一体化系统内升级进步谋求发展，并提供了新的现实机遇。贸易投资重叠性为新的国际分工提供了新的现实条件，使世界各国成为全球化进程的参与者、推动者和获利者。

可见，在国际经济活动中贸易投资重叠性已经成为影响跨国公司和世界各国贸易政策选择的不可忽视的现象。在理论上贸易理论与投资理论亟待被纳入同一分析框架，认识和把握贸易投资重叠性将会是国际经济理论的一次重要探索。

当前，跨国公司在国外的投资领域和生产产品与反倾销涉及的产品出现了重叠性趋势。在跨国公司主导的世界经济中，导致这一趋势出现的核心因素是生产要素的跨国流动和成本在国际之间顺着跨国公司生产网络的可转移。这种情形对反倾销的效应产生了重要影响，最为显著的就是国内市场中的外资份额的影响和跨国公司的战略反应使得原有的反倾销措施的保护效应发生了变化。这就需要在新的条件下采取相应的反倾销和外资政策协调的策略。

3.7　本章小结

本章通过对贸易投资重叠性概念的分析，指出贸易投资重叠是指在要素流动条件下，以及在国际范围内国际贸易和国际投资的成本可以转移的基础上，在产业分布、流向、产品分布方面表现出的重叠性趋势。

另外，运用贸易投资重叠关系矩阵分析，得出国际贸易与跨国公司直接投资重叠出现的四个层次：国际贸易品与国际投资品的重叠性；中国反倾销产品涉及的产业与中国鼓励外商投资产业目录的重叠性；中国反倾销产品与外商直接投资生产产品的重叠性；外国对华反倾销产品与外商直接投资生产产品的重叠性。这种重叠性正随着跨国公司不断深化的全球化生产与经营逐步深化发展。同时，本章还使用国际国内统计数据验证了贸易投资重叠现象的存在。

本章还说明了贸易投资重叠性与要素分工、产品内分工概念的区别和联系，并对贸易投资重叠性的表现形式、对国际反倾销保护和外商直接投资的影响等方面做了系统的探讨，可见贸易投资重叠性正在和将会对世界经济产生深远影响。

4 贸易投资重叠性下的反倾销与直接投资的相互作用分析框架

在贸易投资重叠性的新环境下，国际反倾销与外商直接投资相互作用的环境发生了巨大变化。国际贸易摩擦和外商直接投资领域的重叠性改变了二者原有理论中看似互不关联的关系。本章将在动态视角下分析二者的相互影响模式，尤其是关注 FDI 的动态反应对反倾销措施的影响。

4.1 贸易投资重叠性下的反倾销作用分析

4.1.1 传统理论框架下反倾销的保护效应

在现有的传统理论框架下，反倾销保护是贸易投资分割的假定条件，反倾销的成本收益分析是静态的，仅考虑反倾销措施对进口竞争产品的收益和保护成本之间的差异，而不考虑出口企业的反应措施。这里先进行反倾销的静态成本收益分析。

成本—效益分析是微观经济学的研究核心，如同理性消费者以效用最大化为目标选择消费组合，经营者也要以利润最大化为目标确定经营方式。由此可以得出，任何经济行为都可能归结为一个原则，即力求效用或利润的最大化。求得效用和利润的最大化，衡量预测成本—收益是实现目标的首要前提，而贸易政策及贸易工具的选择也将决定预期目标的实现与否。在传统的贸易政策分析中，一般都采用成本与收益分析法，即用一项政策的投入与其所获得的收益进行比较，如果收益大于成本则认为该项政策有利或可行，反之则认为该项政策不可行。成本收益分析法非常简便明了，所以经常被采用，在分析反倾销的保护效应中大多使用这类方法（当然还有动态的滞后效应需要考虑）。

4.1.1.1 成本效益分析与反倾销的现实选择

立足于比较优势与规模经济展开的国际贸易，无论是行业间的贸易还是行业内的贸易，非均衡收益格局的产生具有必然性，所谓的"双赢"格局并不意味着贸易双方获利均等或双方均感到满意。虽然贸易自由化为大势所趋，但各国市场的开放却不可能同步。1970 年以来，各国对贸易的管制逐步取消，贸易自由化进程不断加快。一些实行计划经济、封闭市场的国家逐步实行了改革开放，众多被严格保护的产业，如电信、金融业也相继向国际市场敞开了大门；WTO 原则逐渐被国际社会所认可。以电信产业为例，过去人们认为，美国电话公司（AT&T）向国内制造商购买电信设备是理所当然的事，但 AT&T 的分解及其他国有电话公司的私有化趋势这一惯例成为历史。发展中国家更是以保护民族工业为由，对电信、金融等服务业，钢铁、汽车等制造业实施政策保护，限制竞争……凡此种种由于各国开放步骤的失调，必然会导致收益不等。自然地，各种保护性贸易政策会随即出台。目的无非两个，其一是限制出口，保护国内特定产业；其二是给对方施压，迫使对方开放市场。亦可能存在第三个目的，即政治因素，如政党选举、干涉他国内政之类。

在缺乏国际协商机制的时期，特别是在经济危机中，为了迅速摆脱衰退的阴影，稳定政局，一些资本主义国家相继出台了许多不负责任的关税法，如美国的《斯姆特—赫利法案》（1930 年），旨在大幅度提高关税，税率竟达到59%，国际社会于 20 世纪 50 年代合作以来，以双边或多边谈判方式达成了多个贸易协定，最著名的是 GATT。GATT 于 1994 年乌拉圭回合谈判以后成立了 WTO。在WTO 的推动下，关税逐渐下降，贸易摩擦有所缓解，并能得到迅速有效的解决方法，世界经济由此得到了极大推进。但是贸易摩擦、贸易纠纷永远不可能消除，只是形式不同而已。《WTO 反倾销协议》是乌拉圭回合谈判的结果，反倾销措施已成为新一轮的贸易保护工具。

4.1.1.2　反倾销税的静态成本—效益比较分析

关税是传统的贸易保护主义手段。19 世纪英国运用《谷物法》保护农业不受外来竞争侵扰；美国、德国对进口制造品征收高额关税，目的也是保护国内新兴工业部门。从国际贸易发展趋势看，由于 GATT、WTO 致力于关税壁垒的削减，多数国家的进口关税已降低到一定水平，且还有进一步下降的可能。发达国家的关税将降到 4%，发展中国家也控制在 11% 左右。这表明关税壁垒的作用已明显减弱，而非关税壁垒却因其隐蔽性、灵活性、多样性与复杂性，作用在日益增强。不过，非关税壁垒属于行政，与关税比较具有更多的缺陷，WTO 正在考虑削减，或以关税形式加以替代。

反倾销税与其他关税一样，旨在提高进口商品在国内市场的价格。实施反倾销税以后，由于进口商品价格提升，进口量相应减少。但在高价位的吸引下，本国的生产商增大了供给量，引起商品供大于求，供给缺乏弹性，国际市场价格下降。因此，这部分税收由出口厂商与进口国消费者共同承担，而进口国国内生产厂商与政府受益。对进口国（如果是小国，其进口减少无法影响出口国商品的国际市场价格，征收反倾销税引起的商品价格上升完全由国内消费者承担，因此本书只讨论大国模型）而言，征收反倾销税具有四种效应：保护效应、进口替代效应、税收效应和消费者效应。前两者可用生产者剩余表示，消费者效应由消费者剩余表示。生产者剩余衡量生产者在一次销售中期望索求价格与实际销售价格的差额，消费者剩余则是衡量消费者在购买中同意支付价格与实际支付价格的差额。

如图 4－1 所示，反倾销税 t 将进口商品的价格由 P_1 骤然提升到 P_2，出口国价格由 P_1 下降到 P_3，这也是此时进口商品的国际市场价格。基于微观经济学原理，进口国内生产会扩张，但消费者不得不减少购买量（转而选择替代性商品），或被迫减少其他商品的消费。不同社会集团的反倾销税成本收益分别用 a、b、c、d、e 表示。

（1）生产者剩余：国内价格反倾销税上涨到 P_2，国内生产者能补偿因产出增加而上升的边际成本，将生产量从 S_1 增加到 S_2，以替代进口商品的减少，这被称为反倾销的"进口替代效应"；同时增加了国内生产商的收益，保护了国内生产商，这就是"保护效应"。征税之前，生产者剩余是 P_1 以下供给线以上的面积，价格上升到 P_2 后，消费者剩余增加，即为图 4 - 1 中的 a 部分。

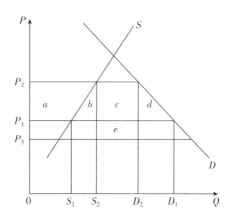

图 4 - 1　征收反倾销税后进口国的经济效应

（2）消费者剩余：税收前，消费者剩余是 P_1 以上需求线以下的面积，征税后价格上涨，消费者剩余减少了（$a + b + c + d$）。

（3）税收效应：反倾销税 t 的征收增加了政府收入，因为：

$\triangle T = t(D_2 - S_2) = (P_2 - P_3)(D_2 - S_2)$，即面积 $(c + e)$。

简单而言，进口国反倾销税的成本—效益可表示为：$R =$ 生产者所得 + 政府税收 - 消费者损失，即 $R = a + (c + e) - (a + b + c + d) = e - (b + d)$，这是最终决定进口国整体福利水平的因素。

可以把 $e - (b + d)$ 看成是因反倾销税而产生的贸易条件改善所得与因扭曲消费和生产而产生的效率损失之差。反倾销税收益大小取决于迫使外国出口价格下降的能力。尽管反倾销不利于国际贸易一体化进程，也不符合国内消费福利最大化原则，但它达到了保护目的。

4.1.1.3　反倾销对社会净福利的影响

征收反倾销税后对进口国国内产生的经济效应。图 4 - 1 中，P_1 为世界价格不变，反倾销关税额为 $P_2 - P_1$，由于价格上升会使生产者剩余增加 a，消费者剩余减少 $a + b + c + d$，政府征税增加 c，因此征税最终使国内福利效应为 - （$b +$ d）。d 是由于消费者需求下降造成损失，是消费者损失的国际交换利益；b 是损失的国际分工和生产专业化的利益，对于整个世界来说是一种资源浪费。

因此，正确的评价应该是征收反倾销税后是否造成了进口国社会福利的下降。如果 $a + c > b + d$，且政府征税转化为对消费者补贴或用于对生产者技术开发的支持。那么从长远看，净福利不会减少，还会有所增加。但是如果反倾销是以牺牲国内其他商品生产者和消费者的利益为代价，只是保护特定商品的生产者，而这些生产者也不思进取，那么，整个国家的整体福利水平就会比征税前下降，$a + c < b + d$，产生净福利损失。

4.1.2　反倾销措施的动态效应

反倾销措施不仅是东道国政府在国际贸易领域的一项抵制外国进口倾销的举措，同时它还一定程度地影响到外国政府与跨国公司对东道国的对外直接投资项目。根据东道国所采取的反倾销、反规避措施的搭配组合不同，对跨国直接投资流量的影响将产生两种波及效应。我们分析以下两种情况：

情况1：东道国不采取反规避措施，仅采取反倾销措施的影响效应和机理。

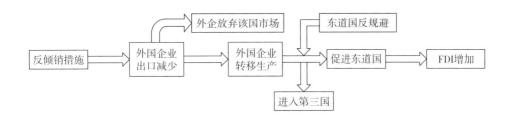

图4 – 2　东道国仅采取反倾销措施的影响效应

由图4 – 2可知，东道国对某些进口产品实施反倾销措施后，该产品的进口企业会减少对东道国市场的进口量，为了维持在东道国市场的占有量，该产品的外国生产企业便会采取规避东道国政府反倾销的措施，而通过增加对东道国的直接投资转移产品生产地点，将产品生产从出口国转入东道国，从而外商直接投资对进口产生了替代作用。在这种情况下，东道国实施反倾销措施会刺激外国直接投资增加，反倾销的实施与外国直接投资呈现一定的正相关性，即采取反倾销措施有利于扩大外国对东道国直接投资。

情况 2：东道国既采取反倾销措施又采取反规避措施的影响效应和机理。

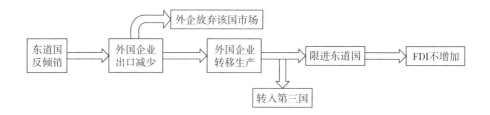

图 4-3　东道国同时采取反倾销和反规避措施对外国企业及 FDI 的影响机制

从图 4-3 可以清楚地看到，当东道国对外国产品实施反倾销措施后，通常情况下外国企业会采用在东道国投资设厂的方式扩大在当地的市场占有率，然而东道国政府对进口产品同时采取反规避措施后，自然会限制外国企业对东道国 FDI 的输入量，转而在第三国设厂或将产品销往第三国市场。此种情况，反倾销与外国直接投资流量不会表现出明显的相关关系。如果东道国政府对外国跨国公司的反倾销以及反规避执行的力度大、时期长，更可能会影响到市场寻找型的 FDI，从长远看，反倾销实施就会与外国直接投资表现为一定程度的负相关性。

4.1.3　贸易投资重叠下反倾销保护的困境

就非关税壁垒而言，不仅其保护的国内的产业对象难以确定，而且保护效果也变得不可确定。例如，在贸易投资重叠性下，由于国际分工网络的形成，各国国内市场的国际化，一国非关税壁垒政策实施的环境发生了很大变化，单纯考虑本国利益的自主贸易保护政策难有生存的余地。因为保护的对象难以确定，在国际化生产的环境中，"民族企业"的范围已经很难确定。以高科技产业为例，它往往成为一国政府保护、扶持的对象，但在全球化背景下，政府保护的可能不是本国的民族企业，而是进入该行业的外国企业，这种保护限制了竞争，使得外资企业能够在东道国市场以过时的技术生存，甚至获得高额垄断利润。而且应该看到，国际投资是双向的，不仅仅是外国企业在本国整合资源，本国企业也在外国市场进行着资源整合。一国在存在对外投资的情况下，如果政府出于所谓的民族利益，限制外国企业进入或限制外国产品的进口，最终也可能限制了甚至主要限制的是本国的海外企业，使民族利益进一步受到损害。贸易投资重叠性使非关税壁垒变得复杂化，许多在要素不流动情况下的惯例和定论需要我们重新审视。

在贸易投资重叠性条件下，国际投资的收益将逐步超过贸易的收益。传统的以国家为单位仅通过进口额来计算国际贸易收支的统计法已经不能准确反映一国的贸易利益，以外汇增加额原产国计算，或许更精确；国际贸易的动态利益应成为开展国际贸易的主要追求，相对落后的发展中国家更是如此；同时也使贸易保护的对象难以确定，保护效果不确定性增加。

在贸易投资重叠性条件下，由于一国保护贸易政策实施的环境发生了变化，单纯考虑本国利益的反倾销贸易保护政策很难有生存的余地，这是因为：

（1）单边的反倾销会妨碍外国跨国公司的资源整合，这将遭到别国厂商和政府的反对。全球化的实质是跨国公司在全球范围内的资源整合，要实现这种整合，就要求各国相互开放，给予外国企业和本国企业相同的国民待遇，允许要素和商品自由流动，否则经济全球化的链条有可能中断，外国企业将因在受保护的市场无法自由整合资源而利益受损，进而引起对实施保护的国家的报复。

（2）保护对象难以确定。传统反倾销保护理论中保护的主体是民族企业，但在贸易投资一体化条件下的全球生产网络中，各国都成为全球生产的一个生产环节。在要素流动条件下，一国国内市场往往是"民族企业"与外资企业群雄纷争，两者界限难以明确区分。如果采取保护措施，得到保护的往往是众多居于行业领导地位的外资企业，这种结果就背离了反倾销措施的初衷。

（3）保护效果具有不确定性。实施反倾销保护最有力的论据是幼稚产业保护论。由于在贸易投资重叠性条件下，受保护的幼稚产业的选择很有难度，尤其是要实施保护的条件，如产业基础、特殊的机遇等不一定都能够满足。另外，幼稚产业是一个动态概念，科学技术的迅速发展会使国际产业结构迅速升级，今天保护的幼稚产业过一个时期就有可能成为夕阳产业了，保护只能给未来的结构调整带来困难，所以保护效果很不确定。

（4）保护措施难以奏效。即使一国确定了合适的保护对象，但具体的保护手段的奏效需要一系列严格的限制条件，一旦有一些不满足，保护的初衷就很难达到。以保护高科技产业的政策为例，其效果就受诸多条件限制，要求政府与厂商之间的默契，政策意图必须得到厂商的配合①。但一国的贸易限制政策因损害外资企业的利益而容易受到国内企业特别是跨国公司的抵制。为了使战略贸易政策所带来的扭曲效应通过被保护产业发展起来后在国内外市场上所获得的规模经济效应加以弥补，该政策要求该产业有足够的规模进入壁垒，但实力强大的跨国公司为了达到进入某一市场的战略目的，往往不惜短期亏损，从而使东道国被保护产业内的企业难以得到必要的市场份额，最终导致保护措施难以产生预期的实效。

贸易投资重叠性意味着生产要素的跨国流动、国际贸易成本和投资成本的跨国转移。在这里，贸易保护政策的效应受到国际投资反应的影响，这是当前反倾销效应分析应该考虑的主要因素。

可以看出，在贸易投资重叠性条件下，由于跨国公司的跨国界贸易与投资行为的一体化，使传统的贸易政策的国内经济环境和效果发生了变化，尤其是贸易保护措施的效果产生了转移甚至逆转。

4.2 贸易投资重叠性下的跨国公司直接投资

4.2.1 外商直接投资

直接投资是指一个经济体内的居民实体（直接投资者或母公司）在另一个经济体内的居民实体（直接投资企业、分支企业或国外分支机构）中建立长期关系，享有持久利益，并对此进行控制的投资。所谓长久利益，是投资者和直接投资企业间的长期联系和对直接投资企业管理有重要影响。外国直接投资包括了两个实体之间的初始转移、联属企业之间的转移（组成公司的或非公司的形式）。

直接投资者是指拥有国外投资企业的个人、联合的或非联合的公共或私人企

---

① 这方面最突出的例子就是美国对华纺织品配额经过中国政府大力争取于 2005 年结束，可是中国国内企业的无序竞争使美国有借口启用特别保障措施对进口自中国的纺织品进行限制，中国只能采取对纺织品出口征税的措施限制出口。

业、政府等。直接投资企业是指国外投资者拥有该企业的 25% 或 25% 以上的普通股股票或投票权力的公司和非公司企业。直接投资者所在的经济实体通常称为母国，直接投资企业所在的经济实体称为东道国。外国直接投资通常是母国在东道国获得一项可以由母国控制和管理的资产，该资产区别于证券投资、债券投资和其他金融工具的投资方式。在通常情况下，外国直接投资的投资者和国外资产的表现方式是在东道国设立商业公司。资产通常被定义为联属的或附属资产。外国直接投资通常与跨国公司的行为密切相关。

对于一个跨国企业而言，不论是出于长期考虑还是为追求短期收益，其跨国投资、经营活动的形成原因无外乎两种：要么是有一定目的，即投资行为表现为企业的一种主动诉求，企业拥有预先制定的计划和战略；要么是受市场力量和行政力量的驱使，其跨国经营、投资活动表现为被动姿态。

对企业跨国直接投资动因的解释方面，多年来在国际经营学、国际经济学、国际投资学等领域的不同学者提出了很多的理论和假说。典型的有垄断优势理论、市场内部化理论、国际生产折衷理论、产品生命周期理论、比较优势理论、投资发展周期理论等。鉴于各种理论假说不能对现实做出全面、系统的解释，理查德森结合各种强调跨国经营企业"特有优势"的静态方法，系统地提出了其动态的综合性模型，试图用定量分析方法将直接投资的一系列关键决策变量包容在一个模型之中，也即"理查德森综合动因模型"。这里重点分析垄断优势理论、市场内部化理论、国际生产折衷理论以及理查德森综合模型，以求从中挖掘反倾销与对外直接投资关联的理论依据。

4.2.2 跨国公司直接投资理论与相关机制

4.2.2.1 垄断优势理论

垄断优势理论认为，企业对外直接投资的原因在于，它要利用自己的各种优势，在垄断性市场结构中，使利润达到最大化。企业具有比东道国同类企业有利的垄断优势，可使其在东道国的生产获得更多的利润。企业之所以能够拥有和保持垄断优势，是因为市场不完全（即不完全竞争）的存在。垄断优势理论又称为市场不完全理论，是由 Hymer（1960）在解释跨国公司 FDI 时首先提出来的。Hymer 注意到跨国公司寻求海外直接投资的目的主要有两个：首先，为了最小化投资的风险并最大化投资的收益；其次，利用其相对于竞争对手来说所拥有的垄断优势。这一理论由 Kinderleberger（1971）和 Caves（1971）做了进一步的发展。

Kinderleberger（1969）注意到，为了同国内公司竞争，跨国公司必须对其优势实行资本化，这些优势来源于产品市场的不完全（产品差异和营销技巧）、要素市场的不完全（技术、管理、融资能力）、外部和内部规模经济（通过横向一体化取得内部规模经济的优势，通过纵向一体化取得外部规模经济的优势）、政府对产出水平和市场进入的限制（政府有关税收、关税、利率和汇率等政策会造成市场的不完全，由于市场扭曲给企业带来的优势）。

Caves（1971）则表明，为了与国内公司竞争，外国公司必须通过垂直化将其公司特定优势进行内部化。内部化使跨国公司能够在不承担与正常交易相关的额外成本的条件下，最大化其公司的特定能力。Caves 和 Kinderleberger（1971）声称国际化的关键是要素市场和消费品市场的不完全和跨国公司利用这些市场不完全的能力，其产生机制如图4－4所示。

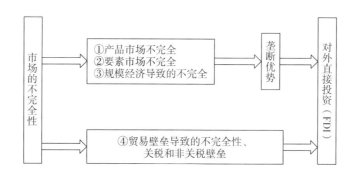

图4－4　基于垄断优势论的 FDI 产生机制

由图4－4可知，由于贸易壁垒导致的不完全性，以及关税和非关税壁垒所导致的市场不完全性可以导致外商直接投资的产生。从本书的角度来看，反倾销壁垒就在一定意义上导致东道国市场的不完全性，反倾销税会使跨国公司进而选择直接投资东道国市场以发挥其垄断优势，从而实现其利益最大化的目标。

4.2.2.2　内部化理论

内部化理论是对垄断优势理论的发展，是英国学者 Buckley 和 Casson（1976）提出来的。内部化理论认为，企业进行对外直接投资的动因是为了获得内部化利益。所谓内部化，就是把市场建立在企业内部的过程，由内部市场取代外部市场。内部化理论将科斯（R. H. Coase）和威廉姆森（O. E. Williamson）的交易费用理论引入了对外直接投资理论，用来解释跨国公司进行对外直接投资的原因。企业拥有的某些垄断优势并不能说明它为什么要进行对外直接投资，因为它完全有可能通过给外国生产者发放许可证等方法来利用它的垄断优势。为了解释对外直接投资的原因，内部化理论利用了科斯的观点：市场失效等市场不完全必然会增加企业的交易成本，而通过企业这一组织形式来组织内部交易则可减少市场交易成本，降低交易费用，实现收益最大化。因此，只要某个地方的国际资源配置内部化要比利用市场的成本少，在那里就会出现跨国企业。

4.2.2.3　国际生产折衷理论

20 世纪 70 年代末，英国里丁大学教授、当代跨国公司问题专家邓宁提出了国际生产拆衷理论。根据国际生产折衷理论，作者认为在国际贸易中，反倾销作为一种贸易壁垒是企业外部市场不完全性的表现之一，它增加了涉案国外企业的交易费用，如果对外直接投资这种实现所有权优势的企业内部交易安排给企业带来的利益高于此时其他所有权优势的实现形式（如放弃贸易、在反倾销措施壁垒下继续进行贸易、转第三国生产等），此时企业会考虑进行对外直接投资。但此时还存在区位选择的问题，如果东道国具有某些有利因素（如要素禀赋、政府政策、社会文化环境等）可以使国外企业获得足够满意的利益，即国外企业具有了区位优势，则企业具有的所有权优势此时可以通过对外直接投资这种内部交易安排绕过反倾销壁垒得以实现，此时与反倾销相关的对外直接投资行为发生。

关于国际贸易与直接投资关系的理论中给出了对外直接投资的三种类型，即替代型投资、互补型投资和补偿型投资，其中的替代型投资和补偿型投资的发生都可与贸易壁垒发生联系。贸易壁垒的发生使本国国内产品生产部门资本的边际产量相对高于原国际贸易均衡状态下资本的边际产量，因此国内较高的资本边际产量必然诱使国外资本的流入，从而产生资本的国际流动或直接投资，这样贸易壁垒引致了投资，贸易替代型的国际资本流动或直接投资就会发生。可见，贸易壁垒引致的直接投资是外国企业为了绕过高关税等贸易壁垒而用投资来替代出口。补偿型投资的发生也与贸易壁垒有关系，与壁垒引致的投资不同，补偿型投资在更大程度上是为了避免潜在的贸易壁垒，用避免了贸易壁垒后的第二期收益来补偿第一期的投资损失。所以从理论上看，作为贸易壁垒形式之一的反倾销与对外直接投资之间必然有着类似的联系。

垄断优势论中关于 FDI 的生成机制的论述提到了关税以及非关税等贸易壁垒导致市场的不完全性，且市场的扭曲给企业带来优势，进而使 FDI 的发生成为了可能。

根据内部化理论，反倾销作为一种贸易壁垒导致了企业交易成本上升，这促使企业通过建立内部市场来取代外部市场。因此，当对外直接投资的内部化收益超过这种增加后的国际外部市场的交易成本和对外投资的内部化成本，则企业就拥有可从事对外直接投资或跨国经营的内部化优势，对外直接投资就成为了可能。在当前的贸易投资重叠性趋势下，跨国公司在其全球生产网络的生产和交易成本大大降低了，从而大大促进了跨国公司的内部交易的发展。有关数据显示，跨国公司的内部贸易占国际贸易份额已经相当高了。

外国企业以直接投资形式规避①东道国反倾销措施，是关于反倾销与对外直接投资关系中被讨论的最多的一种。Campa 等（1998）研究了市场结构对规避 AD 的 FDI 行为的影响。Belderdos 等（2004）使用了一个三阶段模型研究了欧盟反倾销措施对外国出口商选择以 FDI 形式进行规避的行为的影响。

在上述所描述的关系中，反倾销措施与对外直接投资通过规避的途径发生关联。在这个关系中，反倾销措施是外生的，外国企业以在东道国进行直接投资的方式对其进行规避。而在反倾销与对外直接投资的另一类关系中，恰恰相反，反倾销措施成为内生的，外国企业通过各种途径主动寻求特定的反倾销保护水平以实现利益最大化目标，包括直接或间接地利用在东道国进行直接投资的手段。

---

① 所谓规避，一般指反倾销规避，指一国商品在被另一国征收反倾销税的情况下，出口商为减少或避免被征收反倾销税而采取和实施的各种方法，包括进口国生产或组装、第三国生产或组装、产品的微小改变等方式。

4.2.3 贸易投资重叠性对外商直接投资的影响

在贸易投资重叠性条件下，贸易利益和投资利益实现了有机融合。与传统的国际贸易不同，贸易投资重叠性中的国际贸易不仅是各有关国家进行分工各自生产的不同的贸易品并进行交换的国际经济活动，而且在要素流动条件下，围绕跨国公司主导下的国际迂回生产所进行的贸易，是"为生产而贸易"。这种贸易活动的特殊性在于贸易国仅仅是产品的生产国，而非全部贸易利益的归属国，因为生产贸易品所需的要素尤其是资本要素可能来自贸易国之外的国家，甚至是贸易对方国。

同时，贸易投资重叠性还使国际经济利益分配呈现多样化的利益形式、多元化的利益主体、复杂化的分配过程。具体来说，利益多样化是指国际经济利益不仅包括进出口利润、税收的增加、就业和工资水平提高的利益，也包括国内相关产业或部门遭受到的不利影响（如税收的减少、就业和工资水平的降低等）。利益主体多元化是指包括东道国、母国以及贸易对方国和生产中所使用的进口要素或中间产品的提供国，甚至出现了双重身份的微观主体——跨国公司，这就使国际利益分配过程复杂化了。在利益分配中，跨国公司既可以获得贸易收益，也可以获得投资收益，且有全球化生产经营的有利条件。可采用包括转移定价在内的手段，实现两种利益的转化，达到其全球利益最大化目标。对于不同类型的国际经济参与国来说，情况更为复杂。

根据跨国公司和外商直接投资理论，按外商直接投资的性质可以将其分为资源寻找型、市场寻找型、效率寻找型和战略资源寻找型四大类型。在一般的分析中，往往根据活动方式的不同把跨国公司分为垂直型和水平型。在贸易重叠性条件下，我们主要考虑跨国公司成本可以转移的情形，即反倾销与垂直型 FDI 的相互作用机理。

在贸易投资重叠性条件下，跨国公司的直接投资是在要素的国际流动和国际产品内分工基础上的垂直化直接投资。只有在垂直化直接投资模式下，跨国公司在全球生产网络中转移其生产成本，从而实现对于贸易保护壁垒的跨越和全球利益最大化。

4.3　反倾销与 FDI 相互作用的分析框架

4.3.1　以反倾销保护为最大化目标的东道国收益

开放经济条件下大国征收反倾销税的社会福利可用如下函数式表达：

$$W_i = CS_i + \pi_i + TR_i + \pi_{tt} \qquad (4-1)$$

其中，W_i 表示东道国福利，CS_i 表示消费者剩余，TR_i 表示反倾销税收收入，π_i 表示生产者利润，π_{tt} 表示大国由于贸易条件改善获得的收益。这里需要说明的是，开放经济条件下生产者利润包括国内民族企业利润和外商投资企业利润两部分。

长期以来，贸易保护主义的最重要的依据就是重商主义的奖出限入和幼稚产业保护理论。非关税壁垒与传统的关税壁垒有着同样的保护逻辑。反倾销等措施更是以保护国内产业利益为最终目标。这里可以简单地构建东道国对某产品进行反倾销保护后的收益表达式。模型假定在开放经济条件下，东道国对外国公司的进口倾销征收反倾销税，并且该国该产品的国内消费由本国民族企业和外资企业共同提供，实施反倾销税后国内该产品的总市场容量不变，则反倾销保护下的东道国收益可以用图 4-7 表示（这里沿用图 4-1 中的符号）。

对于作为大国的东道国来说，若对国外倾销征收反倾销税，东道国以对国内产业提供足够的保护为主要目标，则东道国的第一部分收益为政府的反倾销税收益 c，第二部分收益为国内生产者剩余的增加，但因为国内存在跨国公司的子公司，所以反倾销引起的国内生产者剩余的增加由国内产业和外资企业瓜分。我们假定外资公司的收益可以看作为东道国的福利损失。国内民族企业的市场供给量缩减至 S'，总生产者剩余增加在图中为 $(a+f+g)$，而国内民族企业仅获得 a，外资企业获得反倾销税剩余为 $f+g$（假定外资企业的福利所得即为国内民族企业的生产者损失），这里消费者剩余减少量为 $-(a+f+g+b+d)$，贸易条件改善剩余为 e。此时，国民福利函数为：

$$W_i = CS_i + \pi_i + TR_i + \pi_{tt}$$
$$= -(a+f+g+b+d) + a - (f+g) + c + e$$
$$= (c+e) - (b+d) - 2(f+g) \qquad (4-2)$$

仅就静态角度来看，反倾销保护的收益为正或是为负，取决于政府反倾销税的收益 c、贸易条件改善所得 e 与国内消费者剩余减少的相对大小，即 $(c+e) - (f+g+b+d)$ 的大小。当以国内生产者剩余最大化（国内产业安全）为目标，在开放度不高，即外资企业所占比例不高的环境下，反倾销保护的静态效应还是确定的。即：

$$(c+e) - (b+d) - 2(f+g) > 0 \qquad (4-3)$$

但对外开放度高的条件下，即外资企业所占市场份额足够大，反倾销的效果就具有不确定性了，有可能出现：

$$(c+e) - (b+d) - 2(f+g) < 0 \qquad (4-4)$$

由此可见，在开放经济条件下大国征收反倾销税的动态福利变化受到反倾销税、贸易条件改善和外资企业在东道国所占市场份额大小的影响，尤其是外资公司收益对这一结果的影响值得重视。若要保证式（4-3）的结果，就需要控制外资的份额，还要使民族企业能够因受保护而增加市场占有率，一般来说，面对具有复合优势的外企的竞争，这些条件很难达到。因此，仅以追求反倾销保护收益最大化在开放经济条件下结果是不确定的。

4.3.2　以吸引直接投资最大化为目标的东道国收益

随着国际经济的发展，经济增长的动力机制在 20 世纪 80 年代转换为主要以投资拉动经济增长。跨国公司在全球范围内投资和全球产业转移和并购的增加，使经济增长的动力主要以投资为引擎。此时外商直接投资就成为主要的推动力。在经济发展的初级阶段，若要实现国际贸易拉动经济增长的目标，则会出现资本短缺，这是广大发展中国家普遍存在的现象。而与此同时，国际产业转移逐渐兴起，发展中国家应运发展加工贸易，从而实现投资牵动贸易发展，进而实现经济增长的目标。但由于经济发展模式具有内在稳定性和惯性，一旦形成就很难改变，尤其是这种发展模式由"外商投资推动出口"后半段经常会被忽视，只留下了一个指标：吸引外资数量。这一指标已经成为中央及地方各级政府经济成绩单上最亮丽的指标，这就使外商直接投资增量成为主要政策目标。

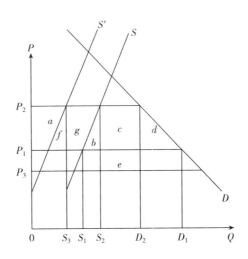

图 4 - 5　开放条件下反倾销税引起的本国福利变化示意图

若以此为目标，这里简要分析拥有外商投资企业条件下贸易保护的收益。此时吸引外资数量可以用其所占东道国国内市场份额表示，假定若干个跨国公司存在；跨国公司子公司在东道国内产品市场份额就尤为重要；这里要考虑若跨国公司成本可转移，通过转移价格或生产经营在垂直化的全球生产网络中转移生产的情况，即跨国公司可以化解反倾销税影响，使其子公司在东道国的销售以倾销时的价格出售，此时的国内总供给曲线恢复到反倾销税之前的状态。从图 4 - 6 来看，跨国公司收益为（f + g）（这是反倾销税被化解、投资生产后补充国内市场缺口的收益，但记作东道国的生产者损失），此时国内生产者剩余减少 a，国内消费者获得因外商直接投资而导致的低价消费品而获得（a + f + g + b + d），政府获得 c 的反倾销税收益，贸易条件收益为 e。

则东道国国民福利函数为：

$$W_i = CS_i + \pi_i + TR_i + \pi_{it}$$
$$= -(a + f + g + b + d) - a - (f + g) + c + e$$
$$= (c + e) - (b + d) - 2(a + f + g) \tag{4-5}$$

从动态角度来说，尤其是考虑到产业安全因素，跨国公司在直接投资过程中会使国内民族企业进一步受损，甚至比反倾销之前的损害更大，极端情况就是跨国公司占有整个市场，然后再行提价，从而在将来有可能出现跨国公司占有所有收益（图 4-6 中所示的 $a+f+g$）。显然，这时的福利比仅追求产业保护时的福利水平更低。

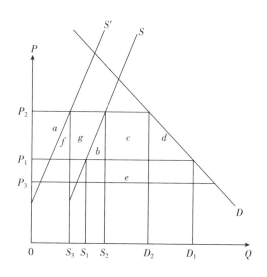

图 4-6   反倾销税引起 FDI 进入后本国福利变化示意图

可见，当国内存在外资企业时，并且以吸引投资最大化为目标时，反倾销保护就极大地受到跨国公司市场份额以及其在进口品中比例的影响。导致这一结果与最初的反倾销保护目标相去甚远的最关键变量就是该产品的市场结构是一个以跨国公司控制国内生产市场和国外商品供给市场的完全垄断市场结构。放弃完全垄断的假定，在寡头垄断结构条件下，也很容易证明同样的结果。显然，仅以追求外资数量最大化为目标的政策取向对本国无益。

4.3.3   贸易投资重叠性条件下反倾销与垂直直接投资收益协调

如前文所述，当前的国际经济是处在一个由贸易和投资同时驱动的双驱动时代。在贸易投资重叠逐步显现的情形下，跨国公司更多地采取垂直型直接投资模式，这就需要反倾销保护与垂直直接投资形成协调一致的机制。下面分析在开放经济中贸易投资重叠化背景下的反倾销税适度征收和控制跨国公司在东道国市场合理份额情形中的福利变化（见图4-7）。

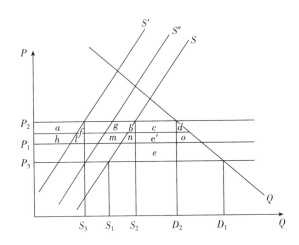

图4-7 反倾销税与 FDI 目标协调下的东道国收益

应该调整反倾销税的征收幅度，控制外资企业在国内的市场占有率。如要协调反倾销税与外商直接投资的政策目标，就要考虑反倾销税合理征收幅度（使价格仅升至 P_4），同时要控制外商直接投资规模（使内资企业生产份额为 S''），使内资企业保留一定的合理市场份额，这样既引进了外资带来的竞争压力，同时又保护了本国的市场份额。同时还假定贸易条件改善收益为 e。

此时相对于反倾销前的福利变化为：

$$W_i = CS_i + \pi_i + TR_i + \pi_{it}$$
$$= (a+f+g+b+c+d) + (h+l) - (a+f) - m - (m+n+o) + e + e'$$
$$= (g+b+c+d) + (h+l) - (2m+n+o) + (e+e') \tag{4-6}$$

分别比较式（4-2）、式（4-5）、式（4-6），可以发现，若以协调反倾销和 FDI 为目标，可以实现福利水平 $(g+b+c+d) + (h+l) - (2m+n+o) + (e+e')$，若适度征收反倾销税，则可以保证下式成立：

$$(g+b+c+d) + (h+l) - (2m+n+o) + (e+e') > 0 \tag{4-7}$$

可以看出，在反倾销领域和直接投资领域贸易投资重叠性条件下，若再孤立地追求反倾销利益最大化或以吸引直接投资数量最大化为目标的外经贸政策都无法避免政策之间的内在冲突，这样肯定会抵消政策效应。因此，贸易投资重叠性条件下东道国应该执行旨在实现反倾销与垂直直接投资收益协调的外资外贸政策。这是分析东道国政府反倾销与跨国公司博弈的逻辑基础。

4.4　反倾销与 FDI 分析框架

在反倾销与 FDI 相互作用的博弈中，东道国政策目标、反倾销与 FDI 的作用机理会有差异。一般来说，在贸易和投资割裂框架下，政府有可能是以反倾销收益最大化为目标，也有可能是以追求外来投资数量最大化为主要目标，但是在贸易投资重叠性条件下反倾销与直接投资双重目标协调就成为关键问题。这里分别研究这三种情况下的收益情况。

在贸易投资重叠性条件下，反倾销与 FDI 相互作用的环境和基础与贸易投资分离的传统分析框架下的环境和基础发生了变化。在传统贸易理论框架下，由于模型假定要素在国际之间的不流动，从而保证了反倾销收益的确定性，而且这种确定性是一种静态分析。然而，在贸易投资重叠条件下，要素流动通过跨国公司的投资与生产行为实现了跨国界的流动。在此条件下分析反倾销与 FDI 的相互作用其实就是一个动态双向分析，这里简单勾勒一下这一总体框架。

贸易投资重叠性下反倾销与 FDI 相互作用可以用上述框架表示。首先，这里有 A、B、C 3 个国家，假定某跨国公司由母公司、一个子公司和一个孙子公司组成，并且分属于 3 个不同的国家 A、B、C，这三个公司分别具有上、中、下游的关系特征。当 B 国对母公司销售产品实施反倾销时，假定成本可以在国际之间无成本转移，则会出现母公司将对产品 X_1 的生产转移到 B 国的子公司生产并在 B 国销售，但由于 X_1 是上游产品，必须在 C 国加工后才可以成为最终产品 X_3，因此，反倾销国 B 就成了上游产品 X_1 和中游产品 X_2 的生产基地，由于反倾销而导致母公司在 B 国增加投资。

其次，这里的博弈重点是指东道国政府层面的反倾销与吸引外资政策目标之间的选择博弈。如图 4 – 8 中虚线框所示，东道国政府两大政策目标为反倾销（维护国内产业安全）和吸引外资。对这两种政策可以有三种选择情形：反倾销最大化、FDI 最大化和协调二者收益，达到总福利最大化。

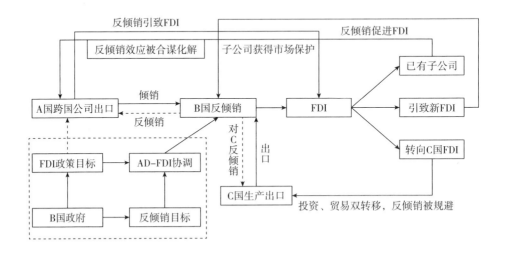

图 4 – 8　贸易投资重叠性下反倾销与 FDI 相互作用

　　关于反倾销与 FDI 的相互作用是以跨国公司对东道国的出口倾销为博弈的起点。具体地，为了简化分析，仅假定在一个有三个国家的世界中，A 国有一个跨国公司通过出口进入 B 国时出现倾销行为，B 国采取反倾销措施后，FDI 的反应将是不确定的。

　　第一种情况，对 B 国国内已有外商投资企业（不论是合资、合作还是独资）的影响，都会出现外资企业在国内受到保护，这就是跨国公司通过与子公司合谋以达到获得东道国反倾销保护、抵制更多其他竞争的目的（甚至还有跨国公司子公司对其母公司提起反倾销的情形）。

　　第二种情况，由于 B 国反倾销，引致跨国公司在 B 国直接投资，这将会导致跨国公司增加在 B 国的直接投资，如果是以吸引外资为主要目标，则这种结果甚为理想。但是实现这种结果是需要条件的，如 B 国的市场前景在未来具有很大潜力，以及与此相关的投资成本增加小于其未来预期收益等。

　　第三种情况，实施反倾销措施后，跨国公司对 C 国增加了投资，在该国生产并向 B 国再次出口。因为反倾销是针对特定生产商特定产品的贸易救济措施，因此跨国公司经由 C 国的出口将会化解反倾销的保护效应，这将导致下一轮的继发性反倾销。

4.5 本章小结

本章在贸易投资重叠性背景下，利用传统理论中常用的福利分析方法，首先分析了东道国在反倾销与 FDI 政策选择中的三种情形，分析结论显示东道国应该选择平衡反倾销和 FDI 政策协调的目标。其次构建了一个在寻求反倾销和 FDI 政策利益协调的背景下分析反倾销与跨国公司直接投资相互影响的逻辑框架。

贸易投资的重叠性改变了原有的要素不流动假说下，以及产品分工模式下国际反倾销的保护机制的市场基础。反倾销保护的对象不仅有国内民族企业，还有跨国公司在东道国的分支机构、分公司。尤其重要的是，在贸易投资重叠性条件下，反倾销税对于进口贸易的影响，会对直接投资产生作用，跨国公司也会采取措施规避、化解反倾销措施的影响，进而会产生反倾销"失效"的可能。

因此，在这种重叠性的国际经济背景下，需要审视传统的贸易政策的效应以及贸易政策对外商直接投资的影响及其反作用。在下文，主要运用博弈分析方法分析贸易投资重叠性条件下反倾销措施对垂直型 FDI 的影响机理，垂直型 FDI 战略反应对反倾销措施的反作用，并对二者相关关系进行动态化刻画。

5 贸易投资重叠性下的反倾销措施与垂直型直接投资（VFDI）的相互影响

随着贸易和投资重叠性日益加强，国与国之间的分工合作日益紧密，跨国公司通过 FDI 在全球范围内分割生产获利，进口国一旦实施反倾销措施，跨国公司的贸易方式就会发生相应变化。从实践来看，一般进口国进行反倾销时，跨国公司往往选择 FDI 的方式进入进口国，既能规避反倾销，又能与其国内企业继续竞争，同时获取利润。在贸易投资重叠性条件下，东道国实行反倾销对 FDI 如何产生影响？FDI 反应措施又是如何影响反倾销措施的？这里试利用博弈框架进行分析。

5.1 贸易投资重叠性下的反倾销措施对 VFDI 影响的数理分析

贸易投资重叠性下的反倾销措施的效应与传统贸易理论下的反倾销效应的区别在于考虑了反倾销的动态效应与跨国公司的反应策略，这其中包括跨国公司的垂直型直接投资、转移投资或从第三国生产后的再出口。这就使得反倾销的效应变得不确定了，这里先分析垂直型直接投资市场结构下反倾销的效应。

5.1.1 垂直型直接投资相关函数模型

研究贸易投资重叠性条件下的反倾销措施对 FDI 的影响，分析思路如下：①通过构造跨国公司和东道国厂商的两国竞争模型，静态比较反倾销措施对 FDI 的影响。②将模型的条件扩展，跨国公司在多个国家进行分割生产，东道国进行反倾销，对 FDI 的影响如何。③在贸易投资重叠性条件下，东道国进行反倾销时，跨国公司的反应对 FDI 产生影响。

对于构造跨国公司和东道国厂商的两国竞争模型，具体从反倾销措施，征收反倾销税角度研究其对 FDI 的影响，为了更直观地分析，在设定模型前，做出如下假设：①假设国际市场上有两个厂商，分别为本国厂商（东道国）和外国厂商（跨国公司），生产商品分别为本国商品和外国商品。本国为进口国，外国为出口国。本国商品，在本国生产，本国消费，不出口。外国商品，可以是跨国公司通过东道国以外的多个国家分工生产后出口到本国，也可以在本国直接生产。②假设外国厂商通过国际范围内的分割生产，在生产成本上比本国厂商具有优势，外国产品能以比本国产品较低的价格进行出售。③假设本国厂商和外国厂商完全了解市场信息。

在此基础上，假设本国和外国的需求曲线均是线性的，而且两国厂商产品间存在一定的差异，则：

$$q = a - p + kq^* \tag{5-1}$$

$$q^* = a - p^* + kq \tag{5-2}$$

其中 q、q^* 表示本国市场对本国商品和外国商品的需求量，a 代表本国市场的总规模大小，p、p^* 则表示本国商品和外国商品的价格。设定其为一般商品，故而其价格效应大于交叉价格效应。而参数 k 则表示本国产品与外国产品之间的差异程度，取值范围为：$0 < k < 1$。若 $k = 0$，则表示本国产品和外国产品是完全异质的，二者既不存在替代，也不存在竞争。若 $k = 1$，表示两国商品是完全同质的，二者可以完全替代，且竞争激烈。k 值也可以表示外国产品的竞争力，k 值越小，表示外国产品的竞争力较强，反之，则较弱。

为便于解释，列举本国和外国厂商在出口和 FDI 时的利润函数基本形式如下：

$$\prod = (p - c)(a - p + kp^*) \qquad (5-3)$$

$$\prod{}^* = (p^* - c^* - s)(a - p^* + kp) \qquad (5-4)$$

$$\prod{}^*_{FDI} = (p^*_{FDI} - c)(a - p^*_{FDI} + kp_{FDI}) \qquad (5-5)$$

其中，$\prod$、$\prod{}^*$、$\prod{}^*_{FDI}$ 分别表示本国厂商利润、外国厂商出口的利润、外国厂商进行 FDI 的利润。c、c^* 分别表示本国及外国厂商的边际生产成本。s 代表外国厂商的单位运输、保险等费用。根据假设可知，$c^* + s < c$，即外国厂商具有生产成本上的优势。当外国厂商进行 FDI 时，成本优势可转移程度用 β 表示，β 满足 $1 \leqslant \beta \leqslant \frac{c}{c^*}$，当 $\beta = 1$ 时，表示成本优势可以完全转移，在实际中表现为技术、管理等方面的优势，因而 $c^* = c$，在外国进行 FDI 生产的边际成本与其在外国国内的边际成本相同。当 $\beta = \frac{c}{c^*}$ 时，表示成本完全不能转移，在实际中表现为劳动力、资源等方面的优势，此时，$\beta c^* = c$，外国厂商在本国投资生产的边际成本与本国厂商的边际成本相同。f 表示外国厂商在进行 FDI 时增加的单位投资耗费。在此基础上，进一步分析反倾销条件下外国厂商的 FDI 情况。

5.1.2 反倾销条件下的外商投资行为选择

当倾销发生时，本国政府通过课税的方式降低或消除外国厂商因成本因素而具有的竞争优势，并减少对本国厂商和幼稚产业的侵害。假设本国对单位外国商品征收 t 的反倾销税，那么利润函数发生相应变化。

5.1.2.1 外国厂商选择出口

$$\prod{}_{AD} = (p_{AD} - c)(a - p_{AD} + kp^*_{AD})$$

$$\prod{}^*_{AD} = (p^*_{AD} - c^* - s - t)(a - p^*_{AD} + kp_{AD})$$

其中，$\prod_{AD}$、$\prod{}^*_{AD}$ 分别表示征收反倾销税外国厂商选择出口时，本国和外国厂商的利润，p_{AD}、p^*_{AD} 分别表示此条件下本国及外国的价格，t 为反倾销税。

此时，二者竞争、均衡时仍满足一阶条件为 0，于是，反应函数为：

$$p_{AD} = R(p^*_{AD}) = \frac{a + c + kp^*_{AD}}{2}$$

$$p_{AD}^* = R(p_{AD}) = \frac{a + c^* + s + kp_{AD}}{2}$$

进而，求得均衡解：

$$p_{AD} = \frac{2(a+c) + k(a+c^*+s+t)}{4-k^2}$$

$$p_{AD}^* = \frac{k(a+c) + 2(a+c^*+s+t)}{4-k^2}$$

$$\prod_{AD} = \frac{[2(a-c) + k(a+c^*+s+t) + ck^2]^2}{(4-k^2)^2} \tag{5-6}$$

$$\prod_{AD}^* = \frac{[k(a+c) + 2(a-c^*-s-t) + (c^*+s+t)k^2]^2}{(4-k^2)^2} \tag{5-7}$$

当征税 $t = c - c^* - s$ 时，有：

$$p_{AD} = p_{AD}^* = \frac{a+c}{2-k}$$

$$\prod_{AD} = \prod_{AD}^* = \frac{[a - (1-k)c]^2}{(2-k)^2}$$

5.1.2.2 外国厂商进行 FDI

$$\prod_{AD.FDI} = (p_{AD.FDI} - c)(a - p_{AD.FDI} + kp_{AD.FDI}^*)$$

$$\prod_{AD.FDI}^* = (p_{AD.FDI}^* - \beta c^* - f)(a - p_{AD.FDI}^* + kp_{AD.FDI})$$

此时，因征税针对外国厂商的出口最终商品，对外国厂商进行 FDI 并无实质影响。

根据一阶条件为 0，求最大极值，可得到：

$$p_{AD.FDI} = p_{FT.FDI} \quad p_{AD.FDI}^* = p_{FT.FDI}^*$$

$$\prod_{AD.FDI}^* = \prod_{FT.FDI}^* \tag{5-8}$$

在此时，

$$R_{AD} = \prod_{AD.FDI}^* - \prod_{AD}^*$$

$$= \frac{(k^2-2)[(\beta c^*+f) - (c^*+s+t)][2k(a+c) + 2(2a-c^*-s-t-\beta c^*-f) + (\beta c^*+f+c^*+s+t)k^2]}{(4-k^2)^2} \tag{5-9}$$

由于 $0 < k < 1$，故而 $k^2 - 2 < 0$，所以当 $\beta c^* + f$、t 取值不同时，选择出口或

直接投资时产生的利润不同。

当 $c^* + s + t < \beta c^* + f < c + f$ 时，由于投资成本过高，外国厂商会继续加大出口，而不会增加 FDI。

但当 $c^* + f < \beta c^* + f < c^* + s + t$ 时，外国厂商倾向于选择 FDI，即此时 FDI 会增加，而出口则会减少，因为此时，FDI 更具有优势。当 t 提高时，$c^* + s + t$ 的值增加，$\beta c^* + f$ 的取值范围也扩大，FDI 得到增强，而出口减弱了。这一结论验证了在征收反倾销税后直接投资会增强的现象。

5.1.3 跨国公司 FDI 战略反应比较分析

从上述分析可知，外国厂商选择增加出口还是增加 FDI，主要取决于 β、f 等因素的综合作用。

（1）承前文所述，在反倾销时，β 因素对外国厂商增加或减少 FDI 产生影响。对于外国厂商而言，能否将成本优势转移，关系到厂商的边际生产成本，进而影响其 FDI 时的利润大小。

（2）仍需关注的是单位投资耗费 f，外国厂商在本国投资生产时，节省了 s，在反倾销时，也节省了 t，但会增加 f，f 的大小对外国厂商进行 FDI 时商品的总成本构成影响。因此，外国厂商是否会因反倾销而增加 FDI，同样要考虑 f。

（3）在 β 与 f 的综合作用下，不同的条件会使外国厂商的 FDI 有所变化。具体分析如下：

若征收反倾销税，根据式（5-7）、式（5-8）、式（5-9），当 $c^* + f < \beta c^* + f < c^* + s + t$ 时，外国厂商 FDI 增加。在征收反倾销税时，由于 $\beta c^* + f$ 的上限，由自由贸易时的 $c^* + s$ 扩展到 $c^* + s + t$，因此，当 $\beta c^* + f$ 在 $[c^* + s, \ c^* + s + t]$ 范围时，外国厂商选择 FDI。如果 t 足够大，当 $c^* + s + t > c + f$ 时，外国厂商将不会出口，而是直接选择 FDI 方式。因此，反倾销税的大小对 FDI 影响较明显。

当 $c^* + s + t < \beta c^* + f < c^* + f$ 时，成本优势难以转移，固定投资过高，FDI 减少，出口增加。

在不同条件下，FDI 的增加或缩减受成本优势可转移程度及固定投资大小的影响。同比条件下，成本优势更容易转移的厂商更倾向于 FDI。为便于分析，在此假定外国厂商成本优势可完全转移（如跨国公司通过技术转移等方式），此时

$\beta = \dfrac{c}{c^*}$，$\beta c^* = c$，进一步分析各种条件下 FDI 情况。

通过比较，不难看出 $\prod_{AD.FDI}^* = \prod_{FT.FDI}^*$，在这两种状态下，外国厂商进行 FDI 时的利润相同，但选择出口时，利润存在差别。通过比较发现，$\prod_{AD}^* < \prod_{FT}^*$，对于各种情况下选择增加还是减少 FDI，需要综合 β、f 等因素分析。但不同条件下，哪种反倾销措施下外国厂商更倾向于增加 FDI，还取决于由出口转向 FDI 时增加收益，或称之为可转移收益的大小。同等条件下，可转移收益越大，外国厂商越有动力去增加 FDI。

比较二者，在成本优势完全可转移时，可以发现，$R_{FT} < R_{AD}$。由此可知，征收反倾销税措施时，外国厂商最有动力进行 FDI，而且反倾销的税率越高，此效应越明显。在价格承诺条件下，外国厂商进行出口的动力更强，因为在边际成本不变的情况下，外国厂商赚取的单位利润增加。由于反倾销税过高，外国厂商会选择采用 FDI 的方式规避本国的反倾销保护，也称之为反倾销跳跃直接投资（Anti – dumping Jumping FDI）。这一点在国外理论界得到了充分认识（Belderbos，Vandenbussche and Veugelers，2004），在实践中也获得了相应的证实（赵春明，2006）。

5.2 贸易投资重叠性条件下 VFDI 对
反倾销效应的影响

从上文分析可知，东道国进行反倾销后，跨国公司通过比较成本优势的可转移程度、单位投资耗费及倾销税率等因素来决定继续出口还是进行 FDI。在征收高额反倾销税条件下，跨国公司最有可能进行 FDI 与本国厂商继续竞争，这就是众所周知的反倾销引致的 FDI。

这方面的研究如文献综述中所述及的外国企业通过扩大在欧洲 FDI 的投资，以规避反倾销税的这种状况。如果外国企业成本优势转移，则规避反倾销税

（Duty Pre – empting）的 FDI 就会发生。国内如胡麦秀、周延云（2005），祝福云、冯宗宪（2006）的研究都证明存在一定程度的反倾销引致的 FDI[①]。

在贸易投资重叠性条件下，反倾销措施与垂直型直接投资之间的相互作用最重要的变化就是成本可转移条件，即垂直一体化厂商的总成本中有一部分是可以转移的。具体来说，反倾销导致的成本增加会被跨国公司顺着其垂直化投资体系转移到下游或向别的国家转移（见图 5 – 1）。

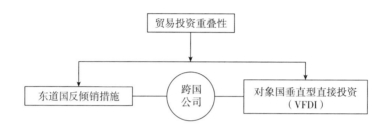

图 5 – 1　贸易投资重叠性下反倾销与垂直型直接投资作用简图

5.2.1　贸易投资重叠性条件下 VFDI 的战略选择

垂直型直接投资在实施反倾销措施之后，如其成本可以转移，其战略反应将会是转向受反倾销保护产品的相关上下游产品领域转移或转到第三国直接投资生产，再行出口到受保护的国家。

外商投资产业特别是跨国公司所投资的产业总是要利用自己在全球的优势，为自己的战略利益服务。反倾销调查则主要针对在国内市场不公平的市场竞争采取措施。因此在实际分析中，必须综合考虑这些因素。

本书以反倾销对外商投资产业及其上下游产业的影响为例进行分析。这里我们假定外商投资作为一个整体来分析，而且假定在东道国外商投资的产业是一个独立封闭的系统，有自己独立的上游、中游和下游产品和产业。

在这种情况下，如果反倾销调查针对某种上游产品进行，必然通过产业链对中间产品、下游产品产生传导效应，导致其生产成本提高。对中间投入品进行反

---

① 详见第 2 章。

倾销调查直至征收反倾销税，将提高下游产业的生产成本，降低下游产业的国内与国际竞争力，并且成本上升会通过波及效应和"波纹效应"（Ripple Effect）波及其他行业乃至整个经济。如果进口产品与整个经济的投入—产出关系越密切，反倾销税造成的成本上升对经济的负面影响越大。在一般情况下，投资上游或中间产品的外商在反倾销政策的干预下，价格将回到正常价值，甚至高于正常价值。投资东道国该产品的上游产业的外商利益受到保护；投资东道国下游产业的外商盈利水平却由此将受到限制，一般会下降。这时外商必然会做出成本—收益的判断，采取撤资的行动，或采取措施尽量减少因上游产业征税后导致的负面影响。如果该产品领域是属于外资导向鼓励或允许的，则应鼓励这些外商企业学会在公平竞争的条件下显示自己的实力和竞争力。此外，也需要注意外商投资企业的产品主要是在国内销售还是向国外出口。

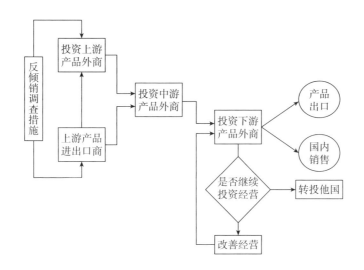

图 5 – 2   反倾销调查措施引发的上下游产业外商投资的利益冲突分析

如图 5 – 2 所示，反倾销调查措施实施首先对上游产品的进出口商产生作用，最终使该产品价格校正到正常价值以上。此举上游产品的进出口商因反倾销调查价格上涨，进口量明显下降，而会使享受东道国国民待遇的投资上游产品的外商受益，可以在正常价值以上生产产品并销售。成本上涨的效应通过产业关联传递到中游产品直至下游产品，下游产品或是出口，或是在国内市场销售。在这种情况下，投资下游产品的外商需要做出决策，选择退出该产品领域或是改善经营、降低成本，以保持原有的竞争力。这里需要注意的是，当跨国公司受反倾销的影响而使其下游企业在东道国失去成本优势时，如果成本可转移，则可能出现下游企业转而走出国门（若是外企，则表现为从东道国撤资，转投第三国再行出口）而后再进行进口销售。

5.2.2　反倾销下的外商投资转移及其影响

在此假设市场上存在进口国 A（东道国）、出口国 B、出口国 C。A 国只进口不出口，B 国出口且具有成本优势（因其进行分割生产），C 国暂时既不对 A 出口，也不对 B 出口。此外，假设固定成本不影响 A 国进行 FDI，同时，假定其成本优势可转移。其他符号与上文相同。

当 A 与 B 进行自由贸易时，据上可得：

$$\prod_{A.FT} = \frac{[2(a+c) + k(a+c^* + s) + ck^2]^2}{(4-k^2)^2}$$

$$\prod_{B.FT} = \frac{[k(a+c) + 2(a-c^* - s) + (c^* + s)k^2]^2}{(4-k^2)^2}$$

由于 B 比 A 具有成本优势，因而在价格上也具有优势，通过倾销对 A 国厂商和产业构成损害，其最终结果是 A 国采取反倾销措施来限制 B 国对其进行出口倾销。假设采取征收反倾销税方式，此时，B 国会面临出口或进入 A 国内进行 FDI 两种方式。除此之外，B 国厂商也可以选择将生产环节转移到其他国家，进行 FDI，然后将生产商品再出口到 A 国，继续进行倾销。假设转移至 C 国，C 国在生产环节具有比较优势，由 C 国出口到 A 国的运输费用为 g。

先分析 A 厂商继续出口时的利润函数：

$$\prod_{A.AD} = \frac{[2(a-c) + k(a+c^* + s + t) + ck^2]^2}{(4-k^2)^2}$$

$$\prod_{B.AD} = \frac{[k(a+c) + 2(a-c^* - s - t) + (c^* + s + t)k^2]^2}{(4-k^2)^2}$$

若 A 国厂商选择在 C 国生产后，继续出口到 A 国，因 A 国对 B 国厂商反倾销，而未对 C 国反倾销，因此 A 国与 C 国仍是自由贸易，此时，C 国商品进入 A

国销售的利润函数为：

$$\prod_{A.FT}^{*} = \frac{[2(a-c) + k(a + c^{*} + g) + ck^{2}]^{2}}{(4 - k^{2})^{2}}$$

$$\prod_{C.FT}^{*} = \frac{[k(a + c) + 2(a - c^{*} - g) + (c^{*} + g)k^{2}]^{2}}{(4 - k^{2})^{2}}$$

通过比较发现：

当 $s < g < s + t$ 时：

$$\prod_{B.FT} > \prod_{C.FT}^{*} > \prod_{B.AD} ; \prod_{A.FT} < \prod_{A.FT}^{*} < \prod_{A.AD} \qquad (5-10)$$

当 $g < s < s + t$ 时：

$$\prod_{C.FT}^{*} > \prod_{B.FT} > \prod_{B.AD} ; \prod_{A.FT}^{*} < \prod_{A.FT} < \prod_{A.AD} \qquad (5-11)$$

当 $s < s + t < g$ 时：

$$\prod_{B.FT} > \prod_{B.AD} > \prod_{C.FT}^{*} ; \prod_{A.FT} < \prod_{A.AD} < \prod_{A.FT}^{*} \qquad (5-12)$$

式（5-10）表明，若 C 国至 A 国的运输成本低于 B 国至 A 国的运输成本和反倾销税时，B 国通过转移投资至 C 国，然后再出口到 A 国，其利润 $\prod_{C.FT}^{*} > \prod_{B.AD}$，优于 A 国直接对 B 国出口商品。A 国厂商的利润减少，$\prod_{A.FT}^{*} < \prod_{A.AD}$，遭受了损失。

式（5-11）表明，若 C 国至 A 国的运输成本低于 B 国至 A 国的运输成本时，如 C 国邻近 A 国等，通过转移生产环节至 C 国，获利水平比其与 A 国自由贸易时高。这主要得益于同在自由贸易条件下，通过 C 国生产再出口到 A 国，节约了期间的运输成本。此时，A 国厂商的利润最低，遭受损失也最严重。

式（5-12）表明，若 C 国至 A 国的运输成本高于 B 国至 A 国的运输成本和反倾销税时，转移投资所耗费的成本过高，其利润较直接出口时低。此时，A 国厂商的利润反而得到了提升。

比较式（5-10）、式（5-11）、式（5-12），由于 A 国采取反倾销措施，B 国厂商会进行相应行动。一旦 A 国征收反倾销税，B 国首先根据上述条件判断，首先排除式（5-12）的情况。因为在此时，通过转移投资进行分割生产的相应成本高，导致出口利润下降。此时，继续直接出口获利更大。在式（5-11）、式（5-12）中，若 $g < s$，此时，B 国获利达到最高，若 $s < g < s + t$，此

时，$\prod_{C.FT}^{*} > \prod_{B.AD}$，相比直接出口有所改善。因此，B 国的选择策略是 $g < s + t$ 时，选择对 C 国进行 FDI，而 B 国选择式（5 – 11）或式（5 – 12）后，A 做出相应反应。此时，无论是式（5 – 11）还是式（5 – 12），$\prod_{A.FT}^{*} < \prod_{A.AD}$，即此时 B 国对 C 国进行反倾销是占优策略。因此，A 国会选择继续对 C 国进行倾销，而 B 国会继续对 C 国进行反倾销。此时，B 国厂商的收益会相应地增加。

5.2.3 反倾销引致的外商投资对进口国国内上、下游的影响

当进口国政府对出口国厂商商品进行反倾销时，出口国厂商在出口与 FDI 利润进行比较选择后发现，征收的反倾销税越高，越倾向于在进口国 FDI，假设进口国政府允许外国厂商在本国国内投资。此时，FDI 替代出口规避反倾销时，对国内的产业又会造成怎样的影响？

5.2.3.1 当征收反倾销税时，外国厂商进行 FDI 时的情况

当本国政府允许外国对其进行 FDI，而反倾销税提高时，其反倾销规避的 FDI 也会发生。

当外国采取 FDI 方式进入后，仍具备相应的成本优势的情况下，$\beta c^{*} + f < c^{*} + s + t$，即边际成本与单位固定投资耗费之和小于原生产的边际成本、运输成本及反倾销税时，$\prod_{A.FDI}^{*} > \prod_{A.AD}^{*}$，但此时，$\prod_{AD} < \prod_{AD.FDI}$，国内厂商的利润下降。若 $c^{*} + s < \beta c^{*} + f < c^{*} + s + t$，则 $\prod_{AD.FDI} > \prod_{FT}$，反倾销使国内生产者获利。若 $\beta c^{*} + f < c^{*} + s$，则 $\prod_{AD.FDI} < \prod_{FT}$，反倾销使国内生产者遭受损失。但就实际情况来看，若 $\beta c^{*} + f < c^{*} + s$，国外厂商会选择 FDI 而非出口方式，这样既可以避免被反倾销，又可以获利更多。因此，外国厂商选择由出口转向 FDI 多属于第二种情况，此时不难看出，国外厂商在出口转向 FDI 时，利润增加，国内厂商的利润较自由贸易时有所提升。征税既达到了保护本国厂商和产业的目的，又减少了外国厂商的利润，是一个双赢的策略。但 t 越高，消费者的剩余损失越大，对消费者不利，且相对来看，t 越高，外国厂商越有动力进行 FDI。当 t 高至 $\beta c^{*} + f > c^{*} + s + t$ 时，国外厂商会选择出口获利。此时，国内厂商的利润也出现下降。均衡的最终结果是当 $\beta c^{*} + f = c^{*} + s + t$ 时，国外厂商选择出口与

选择进行 FDI 的利润相等，此时，生产者和消费者剩余损失处于相对合理的位置，反倾销税税率应为 $t = \beta c^* + f - (c^* + s)$，这与传统认识 $t = c - (c^* + s)$ 有所不同。因此，反倾销应根据国外厂商的成本优势的可转移情况及单位固定投资耗费大小来确定，更加合理。

若 $c^* + s < \beta c^* + f < c$，征收反倾销税导致进口品价格上升，国外厂商转向国内进行 FDI，此时，其在价格上仍具有优势，如此，FDI 厂商在国内市场上就比本国厂商具有更大的优势，可以以较低的价格出售商品。此时，国内消费者可以从降低的价格中受益，与之关联的下游厂商的生产成本也会下降，这有利于下游厂商规模的扩大。但对于同类的国内竞争者则加剧了竞争，一些小的厂商在竞争中将被淘汰，由此不断竞争的结果是形成垄断，从而对国内产业造成了更大的损害。

5.2.3.2　当征收反倾销税，外国公司通过转移他国生产时的情况

在贸易投资重叠性条件下，由于要素可自由流动，当外国公司遭到反倾销后，其战略反应之一就是在其公司内或全球化的生产网络，进而由未被反倾销的第三国迂回出口至本国。具体来说，反倾销税对外国公司的出口构成的贸易壁垒小于可以刺激其对东道国直接投资，同时又对其出口收益有明显影响，东道国之外还存在其他的可选择的生产地，此类反倾销措施产生了明显贸易流向转移效应。

5.3　贸易投资重叠性条件下反倾销与垂直 FDI 的博弈

5.3.1　贸易投资重叠性下的垂直型 FDI 模型

假定跨国公司进行垂直化投资的最简单模型，这里省去对东道国单独的反倾销政策和直接投资政策取向的选择，依据第 4 章的分析，这里以东道国为同时追求反倾销利益和吸引跨国公司直接投资最大化的协调化的利益目标为分析基础。

假定某跨国公司由母公司、一个子公司和一个孙子公司组成，并且分属于 3

个不同的国家 A、B、C，这三个公司分别具有上、中、下游的关系特征。当 B 国对母公司销售产品实施反倾销时，假定成本可以在国际之间无成本转移，则会出现母公司将产品 X_1 的生产转移到 B 国的子公司生产并在 B 国销售，但由于 X_1 是上游产品，必须在 C 国加工后才可以成为最终产品 X_3。因此，反倾销国 B 就成了上游产品 X_1 和中游产品 X_2 的生产基地，由于反倾销而导致母公司在 B 国增加投资。

接着，B 国同时向 C 国出口 X_1、X_2，随着生产规模的扩大，B 国可能会实现某种程度的规模经济，从而具有更大的成本优势。也就是说，C 国可能面临来自 B 国的倾销，也有可能导致 C 国对 B 国的出口征收反倾销税，这就出现了继发性的反倾销。在一定条件下，当 C 国具备了某种成本优势之后，FDI 有可能从 B 国再次转移到 C 国。

从图 5 – 3 中可以看出，先后两次的反倾销对 X_3 的成本产生了影响，同时两次转移投资，投资成本的增加也会影响最终产品的成本，进而产生价格提升。A 国消费者因而要负担更高的价格，除非 B 国和 C 国由于极具成本优势，跨国公司通过转移价格或者通过规避反倾销税而降低最终产品价格。

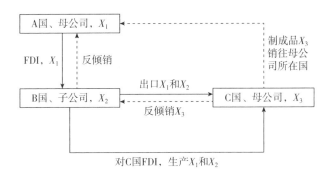

图 5 – 3　简化的反倾销与垂直型直接投资相互作用模型

5.3.2　贸易投资重叠性下的反倾销与垂直型直接投资博弈

依照上文的模型，这里假定在完全信息条件下，东道国在是否征收反倾销税与外商投资企业在出口、直接投资和撤资的三种选择之间博弈，这里还利用上面所使用的符号。A 国的母公司生产出口 X_1 到 B 国加工为中间产品 X_2，再把 X_2 出口到 C 国生产 X_3，最后供世界消费。这里有两个阶段的反倾销与 FDI 博弈，具体推演如下：

下面将上述模型进行扩展，并简要分析，假设如下：

（1）市场上存在三个国家，分别是出口国 A、进口国 B、进口国 C，其厂商生产的商品分别为 A 商品、B 商品、C 商品，其中 A 国出口，B 国、C 国进口，但不出口，B 国、C 国之间不存在贸易。

（2）假设 A 在其本国生产或在国际市场上分割生产后出口到 B 国或 C 国，也可以在 B 国或 C 国投资后生产。B 国或 C 国在本国内生产，国内消费。A 国具有成本优势。B 国、C 国的商品成本相同。

（3）假定市场信息完全。

第一阶段：假定 B 国对 A 国的出口征收反倾销税，C 国进行自由贸易。根据上文的本国和外国的两国竞争模型设定计算可知，在自由贸易条件下，$\prod_{B.FT}^{*} = \prod_{C.FT}^{*}$，二者利润相等。但在征收反倾销税条件下，A 国厂商有两种选择：一是减少出口；二是增加 FDI。由于征税条件增加了单位成本，单位利润减少，整体利润也下降了。而在 C 国，由于并无反倾销，A 国厂商单位商品出口到 C 国比出口到 B 国获取更多利润。当 B 国反倾销税税率提高，A 国厂商会减少出口而以 FDI 的方式进入 B 国继续竞争。相对而言，继续加大对 C 国的出口，更容易获利。随着对 C 国出口的增加，C 国国内的供给增加，A 国厂商降低商品价格以刺激消费，C 国国内竞争更激烈。

此时，A 国厂商在继续增加 C 国出口和对 B 国进行 FDI 的同时并不会放弃某一市场。如果 A 国厂商的成本优势可转移程度高且在 B 国的固定投资低于其边际成本、运输成本及反倾销税的情况下，FDI 仍是 A 国的较优选项。若 FDI 成本过高，则 A 国厂商会继续加大对 C 国的出口。

第二阶段：B 国反倾销，C 国反倾销。由于 B 国实施反倾销，A 国厂商将倾销转移到 C 国，加剧了对 C 国国内厂商的损害。加之存在扩散效应，C 国也进行反倾销，若反倾销税与 B 国相同，此时等同于 B 国和 C 国构成一个联盟，这就转化为上文本国、外国的两国厂商竞争模型。即此时市场存在进口国厂商和出口国厂商两家厂商，进口国厂商进行反倾销，出口国厂商是否会立即选择 FDI，主要取决于上文所述的反倾销税大小、成本优势可转移程度、固定投资额的大小等因素。在成本优势转移程度高、单位投资耗费小、反倾销税高的情况下，FDI 会显著增加。

由此推演，多国家反倾销与 FDI 的关系演化也大致如此。由于存在着边际成本差异，自由贸易的结果是最终形成倾销与反倾销两个联盟，进而回归到上文假设的两个寡头企业，从而可以分析不同反倾销措施下 FDI 的变化情况。

情形（1）：继续执行 FDI。

结果 1：当销售数量远大于市场承受力或价格远低于正常价格时，其撤出投资的成本（前期投资数额）及反倾销税额、市场转变成本之和远小于倾销收益和市场份额所得的外溢收益时，B 将会继续销售（尤其在由于反倾销使国内产品供应紧张，而市场需求持续增长的情况下），并将在其他外国企业纷纷抢滩该国市场的情况下，借机拓展市场，以追求未来的战略利益，这样 FDI 继续执行。

结果 2：当销售数量和价格接近于合理数量和价格，跨国公司的撤资成本、反倾销税额以及市场战略转变成本之和大于或等于倾销收益和市场份额所得的收益时，B 将会向 A 进行交涉或停止倾销，或终止执行投资合同（在投资额足够小时）。

A 在合理的政策范围内，通过合理地设定销售数量和价格范围，既促进和保护外商投资，保持市场环境的持久吸引力，又可以有效地保护本国企业经济利益。

情形（2）：征收反倾销税。

结果 1：当被销售数量大于合理数量和价格远低于正常价格，其撤资成本（前期投资数额小）、反倾销税额以及市场战略转变成本之和远小于倾销收益和市场份额所得的外溢收益时，B 将会继续倾销，追求未来的战略利益。

结果 2：当销售数量和价格接近于合理数量和价格时，B 的撤资成本、反倾销税额以及市场战略转变成本之和大于或等于倾销收益和市场份额所得的收益时，外商将会停止倾销；在中国市场战略利益不显著的情况下，从中国撤资，移资至第三国。以上分析可以用图 5-4 所示博弈树表示。

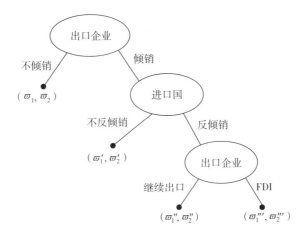

图 5 – 4　反倾销与 FDI 博弈树

如图 5 – 4 所示，如果出口企业不进行倾销，收益为（ϖ_1，ϖ_2），如果出口企业倾销，而东道国不进行反倾销，则收益为（ϖ_1'，ϖ_2'）。若东道国反倾销，该企业有两种选择：①继续出口，收益为（ϖ_1''，ϖ_2''）；②若跨国公司进行 FDI，收益为（ϖ_1'''，ϖ_2'''）。

可见，当进口国进行反倾销时，出口国厂商并不会立即增加 FDI。具体决策行为：实行征收反倾销税时，若其成本优势可转移或接近可转移，增加的单位投资耗费小于原出口生产的边际成本和运输成本及反倾销税，出口国厂商会显著增加 FDI。在成本优势可转移或接近可转移条件下，征收反倾销税措施最容易引发 FDI，无反倾销时次之。价格承诺时，外国厂商进行直接投资的动力最小。反倾销税税率越高，外国厂商进行直接投资的动力越大，FDI 增加越明显。可采取如下应对措施：

（1）对于跨越反倾销壁垒的 FDI，应综合考虑。发生跨越反倾销壁垒的 FDI，一般进口国的反倾销税水平相对较高。因此，合理控制反倾销税的高低可以对 FDI 造成影响。通过测算发现，在正常条件下，一般 $c^* + s < \beta c^* + f < c^* + s + t$，最容易进行 FDI，较贴合实际。

若 $\beta c^* + f > c^* + s + t$，外国厂商倾向于选择出口而非 FDI。

若 $\beta c^* + f < c^* + s$，反倾销对其无影响，不论征税与否，外国厂商均会选择

FDI，由出口转向 FDI 时，最佳的反倾销税为 $t = \beta c^* + f - (c^* + s)$，此时，既增加了本国生产者和外国厂商的利润，同时，国内消费者遭受的损失也相对较小。

当然，FDI 厂商进入国内，在存在成本优势的情况下，会加剧产业内竞争，短期内，使同类厂商受损，其下游厂商则会获得一定的收益，只是市场集中度提高。但长期来看，FDI 在淘汰同类竞争对手后，将造成市场垄断，从而获得更多利润。对国内相关产业造成侵害。但这不意味着 FDI 对国内上下游厂商完全是有害的。

国外厂商通过 FDI 方式进入国内，会发生一定的技术外溢。国内厂商在与之合资或竞争中不断进行学习，从而缩小差距，提升自身竞争力，进而改变双方的竞争地位。因此短期内，国内厂商并不会立即被淘汰，实力较强的厂商通过学习和改进仍可与国外厂商相抗衡，但随着竞争的日益激烈，国内市场集中度仍会提高。

（2）加强对转移国家的反倾销。由上文可知，当对出口国进行反倾销时，出口国将生产环节转移至第三国，生产商品后再出口回到进口国，进行倾销，此时，进口国的最优策略是对第三国也进行反倾销。通过第三国反倾销来减少对本国厂商和产业的损害。由此可知，按此演绎的结果是对同类产品的任何出口国都进行反倾销，这也与现实相符合。

因此，在进行反倾销时，应通盘考虑，生产者代表的是工业利益，消费者和政府代表的是公共利益，具体结合产业状况及上下游的发展情况综合选择措施来进行反倾销。

5.4　本章小结

本章在前文研究的基础上，分析了合作博弈条件下反倾销与 FDI 的相互影响。在贸易投资重叠性的动态条件下，当征收反倾销税时，由于要素可自由流动和成本可转移，当外国公司遭到跨国公司的反倾销后，其战略反应之一是当本国政府允许外国对其进行 FDI，其反倾销跳跃的 FDI 会发生。跨国公司的直接投资选择受到其成本优势等因素的影响。

若征收反倾销税导致进口品价格上升，国外厂商转向国内进行 FDI，此时，其在价格上仍具有优势，则 FDI 厂商在国内市场上就比本国厂商具有更大的优势，可以以较低的价格出售商品。此时，国内消费者可以从降低的价格中受益，与之关联的下游厂商的生产成本也会下降，有利于下游厂商规模的扩大。但对于同类的国内竞争者则加剧了竞争，一些小的厂商在竞争中将被淘汰，由此不断竞争的结果是形成垄断，从而对国内产业造成了更大的损害。

当征收反倾销税，外国公司通过转移其他国进行生产时，在贸易投资重叠性条件下，由于要素可自由流动，其战略反应之一就是在其公司内或全球化的生产网络，进而由未被反倾销的第三国迂回出口至本国。具体来说，反倾销税对外国公司的出口构成的贸易壁垒小于可以刺激其对东道国直接投资，同时又对其出口收益有了明显影响，东道国之外还存在其他的可选择的生产地，此类反倾销措施产生了明显贸易流向转移效应。

东道国的应对措施是对于跨越反倾销壁垒的 FDI，应加强对转移国家的反倾销；当对出口国进行反倾销时，出口国将生产环节转移至第三国，生产商品后再出口到进口国再次进行倾销。此时，进口国的最优策略是对第三国也进行反倾销。通过第三国反倾销来减少对本国厂商和产业的损害。很明显，当对第三国再次进行反倾销时，东道国的反倾销成本进一步增加，消费者剩余进一步减少。更为严重的是，这将会导致本国下游产业成本上升，使下游产业陷入一种更为不利的处境，这种成本传递对于本国的产业安全来讲十分有害。可见，解决这一难题的途径就是调整反倾销税力度和吸引外资的政策相协调一致。

6 贸易投资重叠性下反倾销与 FDI：巴斯夫丙烯酸酯案例分析

6.1　中国化工行业吸引外国直接投资状况[①]

考虑到中国进行反倾销时间的历史不长，若从统计数据分析，数据样本不足，加之中国经济结构正处于转型时期，经济数据的连续性比较弱，难以得出可信赖的关于反倾销与外商直接投资之间相互影响的统计结果来检验上文的分析结论。而且以反倾销为主要表现形式的国际非关税壁垒正是以其相机抉择的特点与灵活性而盛行于世，所以本书选用案例法来验证。从跨国公司寻求贸易伙伴和安全扩展投资的角度分析，跨国公司尤其青睐于中国的石油化工和化学工业行业。在中国鼓励外商投资的投资目录中，化工行业也是吸引外资的重点领域。因此选择石油化工行业作为案例分析的目标行业。

6.1.1　外商在中国石油化工领域的投资

2000 年 4 月和 10 月，中国石油天然气股份有限公司（中石油）和中国石化

---

① 根据《中国统计年鉴》整理。

股份有限公司（中石化）半年之内相继在海外上市。壳牌、埃克森美孚、BP阿莫科是中国石油产业最大的策略投资者，中石油和中石化的成功上市在很大程度上取决于这三家公司的认购。2001年2月27日、28日，中国海洋石油有限公司在美国纽约和中国香港两地挂牌上市，一共筹集资金27.1亿美元。至此，中石油、中石化和中海油3家中国最主要的石油和天然气公司都实现海外上市。

另外，全球各大跨国石化公司早已着手对中国市场进行投资。全球最大的石油和石化集团之一的BP公司25年来在中国累计投资已超过35亿美元，在上下游业务广泛与中石油、中海油以及中石化合作，成为石化产业中投资最多的外国公司。除了BP，壳牌石油集团（Shell）也已在华投资10亿美元，不仅建立了20多个三资企业和办事处，还采用合资方式建立了40个加油站。其中，在天津投资的10处加油站全部亮出壳牌形象。而埃克森美孚除拥有中石化20%左右的股份外，已在中国拥有36座加油站。截至目前，外资加油站已达400余家。跨国公司对中国石化工业的投资涉及石化业的方方面面，既涉及工程建设领域，也涉及工业气体领域以及仓储辅助设施等各个领域。从1982年建立第一个化工合资企业到1995年底中国批准兴建化工"三资"项目共7000余个，外商直接投资达80多亿美元。近年来跨国公司对中国的投资力度进一步加大，至2002年底，仅埃克森美孚、壳牌、BP、道达尔菲夫、杜邦和拜尔6家公司，在华投资额就已超过100亿美元。5年来，这6家公司还将再投入125亿美元以上，中国已经成为跨国公司可靠的贸易伙伴和安全的投资地。

如图6-1所示，2000年批准外资项目36个，合同外资金额132471万美元，相比1999年批准的49个项目、合同金额13884万美元，分别下降了26.53%和上升了854.13%。2001年批准外资项目45个，同比增长25%，合同外资金额16438万美元，同比下降了88.6%。2002年批准外资项目62个，同比增长37.78%，合同外资金额17196万美元，同比增长4.61%。

加入WTO后中国签署了化学关税协调协议（CTHA）。按CTHA规定，2004年底，WTO成员国将使基础化学品和医药关税降至零，化学中间体关税降至5.5%，其他化学品关税降至6.5%。中国"入世"前化学品关税平均为14.7%，而按照CTHA，中国将削减关税涉及进口化学品的70%，2004年后将平均降至6.9%，此外，中国还将取消所有化学品（除塑料和化肥外）的进口配额制。中国还签署了与 WTO 贸易相关的知识产权公约，外国公司的专利权将进一步得到保护。除化肥仍在政府控制之下，外国公司将进行绝大多数化工产品的进出口经营。中国加入 WTO 和关税减让，无疑进一步加大了中国石化行业吸引外商在中国投资的力度。

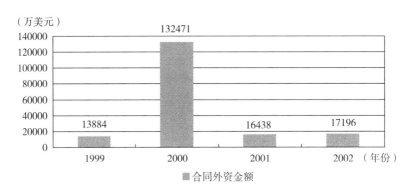

图 6 - 1　石油化工行业合同外资金额

6.1.2　外商在中国化学工业领域的投资

1999 年，化工领域批准外资项目 867 个，合同外资金额 175874 万美元。2000 年批准外资项目 986 个，同比增长 13.73%，合同外资金额 259444 万美元，同比增长 47.52%。2001 年，批准外资项目 1163 个，同比增长 17.95%，合同利用外资金额 419677 万美元，同比增长 61.76%。2002 年批准外资项目 1587 个，同比增长 36.46%，合同利用外资金额 372057 万美元，同比下降 11.35%。如图 6 - 2 所示。

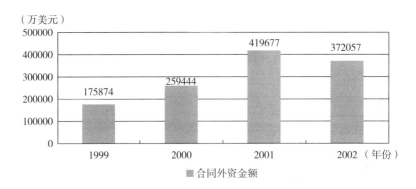

图 6 - 2　化工行业合同外资金额

从中国对化工产品的需求方面分析，近年中国化工行业也势必成为外国直接投资的重点领域。中国化学品产能增长严重滞后于需求增长的现实，也决定了中国化工行业是外商投资的重点领域。中国现在是世界第五大化学品进口国，2001年中国占世界化学品进口量的5%。据统计，2001年占世界化学品进口份额较大的国家分别是：美国（占12.5%）、德国（占7.5%）、法国（占6.5%）、英国（占5.3%）、中国（占5%）。自20世纪90年代以来，中国化学品进口年均增长率一直居世界首位，达到16%，而全球化学品贸易平均增长率则只有7%。中国对化学品需求的不断增长，推动了外商在华投资力度的加大。目前，中国化工园区的建设和发展再一次掀起了外商投资化工领域的热潮。BP、拜尔、巴斯夫等大型跨国公司纷至沓来。近几年的化工行业吸引外资数量的变化也进一步印证了这一观点。2003年外商直接投资增长了2.05%，达到561.4亿美元，外商直接合同投资增长了37.93%，达到1169.01亿美元。

目前，跨国化工公司和国外投资者在中国投资化工业的兴趣主要集中在四大方面：一是以炼油和乙烯为龙头的石油化工、基础原料和合成材料（包括合成树脂和合成纤维等）大型项目；二是传统优势产品，如轮胎、染料、涂料和农药的合资项目；三是以中国市场为目标的新领域精细化工产品和专用化学品；四是日本、韩国等周边国家利用中国的庞大市场空间和廉价的劳动力市场，将部分产品转移到中国目标市场生产。

外商在投资石化和化工项目时对地点的选择亦有特别要求，主要包括：产品在区域市场的容量或发展潜力大；交通便利，适于生产和生活，如包括公路、铁路和海运，邻近中心城市，较好的生活条件等；较为合理、完善的园区基础和配套设施；较好的人文环境和易于吸引技术、经营管理人才；能够提供有竞争力的土地、水、电、气价格和有吸引力的优惠政策。

目前中国国内已建成的外商投资项目主要集中在合成材料领域，"十五"期间，一批合资的大型石化项目已纷纷启动，部分项目预计在2005年前后建成投产，会相应地带动下游加工的投资力度。

然而，外国产品和外国投资的大举进入对中国化工行业的影响和冲击也进一步凸显。从最近几年跨国公司对中国化工行业的投资情况分析，其输出先进技术或来华投资的力度明显落后于其输出产品的力度。通过对国内最大的化工行业跨国投资公司——巴斯夫公司的问卷调查，可以看出决定该公司对华大规模投资设厂的最大动机是中国具有巨大的化工产品市场需求，而且这种需求还将进一步增长。因此其在华投资的策略选择是投资设厂后的生产规模与中国国内的需求相一致，至于先进技术的引进与否则要依据公司能否最大限度满足生产需要。考察化工行业其他跨国公司也同样如此，他们来中国投资设厂的动因就是看准中国加入世界贸易组织后的市场准入条件放宽，中国具有巨大的市场需求。化工行业来华投资主要是市场寻找型投资，在这种投资背景下，技术输出的力度自然服从于产品输出的力度。

由于中国经济高速发展，在电子、汽车、化工建材和轻纺工业的拉动下，化工产品国内需求旺盛，合成材料等产品目前只能满足市场需求的一半。在这样快速发展和供不应求的行业里，国外企业通过低价倾销损害了中国化工行业的正常利润，目前虽然中国化工企业的总产量逐年增加，但销售额增幅却较为缓慢，利润下降，一些企业甚至出现严重亏损。国外企业的倾销活动损害了中国企业的利益，恶化了国内市场环境。对这些国家的化工产品提起反倾销诉讼后，中国市场内相关产品的价格有所回升，国有化工企业的开工率和利润率有所增长。

6.2 贸易投资重叠性下中国反倾销与 FDI 冲突

6.2.1 中国反倾销和直接投资的行业分布

中国进口反倾销的行业相对集中。国际反倾销案例主要集中在化工、机电、钢铁、纺织等行业，以外国对华反倾销案件为例，反倾销案涉及的产品范围不仅由最初的三种扩大到现在的数千种，且涉及的产业领域也从一开始的大宗产品扩大到工业制成品，工矿、机电、纺织品等应有尽有，其中较明显集中在化工、钢铁、其他金属和纺织产品，1992~2000 年涉及这四类产品的案件共 182 起，占外国对华反倾销指控的 57.6%，而这些商品正是中国出口最多、最具有比较优势的产品。

中国现有的反倾销案件集中在以下三个领域：化学工业（包括化工化纤和塑料工业）、钢铁行业和轻工造纸业。截至目前，中国尚无纺织业、机电产品对外反倾销的案例，与国外反倾销的行业聚焦点有所不同，表示中国的纺织业和机电行业是目前具有国际竞争力的行业。

现有的对华直接投资中，2007 年的统计数据显示，在制造业的外商直接投资合同数目 442249 项，占中国外商直接投资总项目数的 69.94%；合同外资金额 10788.68 亿美元，占总合同金额的 62.28%。房地产业的合同金额为 2853.11 亿美元，占 16.47%，这两个行业的占比达到 78.75%。可见，在制造业和房地产业的投资占了 3/4 以上。而其他的行业所占比重都较小，尤其是中国鼓励投资的农、林、牧、副、渔业仅占 1.88%。①

6.2.2 中国反倾销与 FDI 的冲突

在中国已发起的 56 起反倾销案件中，其中 43 起反倾销案件就集中在化工行业，而这是中国外商投资最为集中，投资规模巨大的行业之一。这就出现了贸易保护政策与外商投资促进政策取向的冲突。本来反倾销的保护目的主要是防止外国的倾销对本国产业的损害或损害威胁，可是在贸易投资重叠性条件下，中国反倾销针对的产品所属的行业经常与在华投资的行业所重叠②，导致出现：反倾销的效应与外资投资促进政策的效应相互抵消；外商对于此类现象的投诉日渐增多，这对于中国创造公平开放竞争的市场体系十分不利。

正如前面所提到的，几年反倾销实践证明，目前受反倾销制裁最严重的几个行业，如化工行业、钢铁行业和新闻纸制造行业，是中国现行外资政策中鼓励外商投资的行业，而且《外商投资产业指导目录》中鼓励投资的一些产品，也往往是受到反倾销指控最频繁的产品，如高科技含量的化学品合成橡胶、合成纤维原料等。在此，我们主要对外商投资的石油化工产业进行重点分析。

石化行业主要涵盖石油和天然气开采业、石油加工及炼焦业、化学原料及制品制造业、化学纤维制造业、橡胶制造业、塑料制造业。石化行业所涉及行业之

---

① 2007 年外商直接投资产业分布参见附录 7。

② 参见附录 4。

间的关联度非常高，上下游产业链的关系非常密切，所以，石化行业具有非常鲜明的产业链结构和产业链信息传递效应。一般地，化学工业按产业链关系可分成两大体系：一个是石油和天然气引发的有机化工链，另一个是各种化学矿引发的无机化学链。其中有机部分构成了产业链的主体，是化工行业研究的重点。无机部分主要涉及三酸丙碱的无机化学品的制造。通过石油、天然气及硫、磷、钾、铁等金属和非金属矿的勘探、开采、加工、炼制形成基本有机和无机化学化工原料，再从这些化学单体和中间体出发通过不同的化学合成又交汇成衍生化学链，产生了数万种化工产品和中间产品，最后再供应给本行业及其他行业生产出千变万化的化工制成品，由此产生了化肥、农药、涂料、染料、塑料、轮胎、橡胶、洗涤、化妆品、电池、塑料、农用化学品、化纤等 20 多个门类，同时每个门类又有数百种、千种甚至数万种不同的规格和品质。

化工产品种类多、产业对其他相关行业渗透性强，既有最终产品生产厂家，也有中间产品生产厂家，而且进出口贸易占相当比重，有着一条结构上在工业行业中几乎最复杂的产业链。按产业供应链进行的分类产业供应链是指由行业中原料供给或"上下游"的关系形成的链式结构体系。

目前，中国最大的化工外资企业是德国著名的化学巨头巴斯夫，它在中国有 9 家化工企业，从尼龙、地毯、醇、涂料、维生素、乙烯、染料、乳胶到分散体，形成系列产品分工体系。之所以如此，也是化工产业的技术经济要求以及跨国公司大规模经济要求所决定的。

如图 6-3 所示，反倾销调查措施实施首先对来自境外的跨国公司的母、子公司输入的化工行业上游产品的进出口商产生作用，最终使该产品价格校正到正常价值以上。此举使上游产品的进出口商因反倾销调查价格上涨，进口量明显下降，而会使享受东道国国民待遇的投资上游产品的外商受益，可以在正常价值以上生产产品并销售。成本上涨的效应通过产业关联传递到中游产品直至下游产品，下游产品或是出口，或是继续在国内市场销售。在采取反倾销措施从而使原料和中间品价格上涨的情况下，投资下游产品的外商需要做出决策，或是退出该产品领域或是改善经营，降低成本，或是新增投资绕过反倾销壁垒直接投资东道国的原料供应，以保持原有的竞争力。

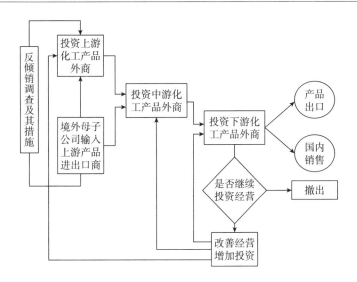

图 6 - 3   反倾销调查措施引发的投资化工产业上下游外商投资的利益冲突分析

对于化工产业中像巴斯夫这样的跨国公司在华投资企业，由于具有巨大的全球网络和成熟的管理经验，因此在实施预销售、内部采购等这些跨国公司常用的手段方面得心应手。而在迅速占领中国市场目标战略的导引下，这些手段往往成为倾销的烟幕。近年来，国外各大型化工企业在中国投资设厂的同时，其化工原料大举进入中国的化工市场，并引发了大规模倾销现象。同时，中国政府实施反倾销的力度明显加大，反倾销利剑频频出鞘。到目前，中国先后对进口苯酐、苯酚、丙烯酸酯、己内酰胺、邻苯二酚、邻苯二甲酸酐、丁苯胶、聚氯乙烯、乙醇胺、三氯甲烷、锦纶、氯丁胶、TDI 等实施反倾销措施（终裁、初裁或立案调查）。

在外商整个产品生产和销售过程中，可能是全过程的投资，存在着相对完整的上下游结算关系，也可能只是完成某个加工、储存、销售环节，与其他关联企业存在着上下游结算关系。如果外商企业是独资企业，外商可以根据在华投资的各个企业税负的高低来制定关联交易的内部结算价格以及来保证自身利益的最大化。如果外商企业是合营企业，外商可以根据自己投资的企业中占有的股份比例大小和各个企业税负的高低，来制定关联交易的内部结算价格，这个价格的确定使外商的利益得到了保证。对巴斯夫这样的巨型化工业跨国公司而言，其生产领域横跨多种产品的上下游行业，尽管遇到反倾销，完全有能力在内部消化反倾销措施的影响，何况即使已经采取的某些反倾销措施对其影响是相当轻微的。

从中国市场供求看，中国实施反倾销措施的化工原料产品，多数是国内基本供不应求，在生产规模、技术水平等方面与国际先进水平尚有不小差距。正是由于这种差距，也促使外商利用其全球内部网络大举倾销，企图垄断中国市场，致使中国市场价格出现不正常的一降再降，严重损害了中国生产企业的利益。在中国实施反倾销过程中，由于进口一度减少，国内企业的产量又一时供不上，导致了部分化工原料市场价格出现明显上涨，有的甚至暴涨。如中国对进口丁苯胶做出反倾销初裁决定后，国内市场价格一度涨至 12500 元/吨，后来随着终裁出台，价格一度继续上涨；TDI 价格迅速涨至 20000 元/吨以上，高的达到了 23000 元/吨以上；苯酚进口货成交价上冲至 8800～8900 元/吨，国产的苯酚随即涨至 8400～8800 元/吨，2 个月内上涨了 1000～1500 元/吨。尽管中国部分企业考虑到下游企业承受力，也努力不提价或少提价，但市场价格还是继续上涨。这一形势对中国广大的下游用户是严峻的，也对反倾销效果产生了一定的影响。

在中国，反倾销措施主要发生在化工、钢铁、电子和轻工领域，其中主要在化工行业。通过对比中国对外反倾销产品、外商直接投资产品以及中国鼓励外商投资产业目录（2007 年修订版）①中化学原料和化学制品类部分，可以从中看出，中国反倾销的产品、产业与外商直接投资产业呈现出很大程度的重叠性。尤其是鼓励投资产业目录与反倾销产品高度重叠，这在一定程度上反映了反倾销政策与外资政策在一定层次的协调。

6.3　中国对巴斯夫丙烯酸酯的反倾销

中华人民共和国对外贸易经济合作部于 1999 年 12 月 10 日公布对原产于日本、德国、美国的丙烯酸酯正式进行反倾销立案调查。后因德国 1999 年对华丙烯酸酯出口量仅为 1.2%，属于忽略不计。

中华人民共和国商务部于 2003 年 4 月 10 日发布 2003 年第 3 号公告，公布

---

① 具体参见附录 9 和附录 10。

《关于对原产于韩国、马来西亚、新加坡和印度尼西亚的进口丙烯酸酯反倾销调查的终裁决定》，自 2003 年 4 月 10 日起，中华人民共和国对原产于韩国、马来西亚、新加坡和印度尼西亚的进口丙烯酸酯征收反倾销税。其中，对马来西亚巴斯夫国油化学私人有限公司（简称"马来西亚巴斯夫公司"）征收的反倾销税税率为 4%。对印度尼西亚日本触媒公司（简称"印尼日本触媒公司"）征收的反倾销税税率为 11%。

6.3.1 巴斯夫公司概况

巴斯夫（BASF）集团由其母公司——德国路德维希港的巴斯夫股份公司和 149 家子公司组成，在 39 个国家拥有生产设施，并与 170 多个国家的客户有商务往来。巴斯夫的产品范围十分广泛，从高价值的化学品、塑料、染料、汽车和工业涂料，农用产品、精细化学品、石化产品到原油和天然气等。

巴斯夫集团投资战略目标是：成为核心产品系列的五大供应商之一；通过有力增长实现在亚太区的化工领域占有 20% 的市场份额；巴斯夫集团化工业务领域的销售额和收入来自亚太地区；建立本地生产基地，达到 70% 的地区销售额；建立亚太地区化工业最优秀的工作团队。

为了实现上述目标，巴斯夫有重点地通过坚守对投资决定的承诺以及在亚太地区更强劲的增长机遇创造有利增长。其在亚太地区的增长将建立在两个一体化基地的基础上——马来西亚的关丹和中国的南京。这两个基地都是在合作伙伴关系中发展形成的——在马来西亚和 Petronas（马来西亚国家石油及天然气公司）合作，在中国和中石化合作，都为亚洲的市场增长服务。2001 年关丹一体化基地的正式投产和南京一体化石油化工基地的奠基是意义重大的里程碑。

早在 20 世纪 90 年代中期，巴斯夫这家著名的跨国公司即开始在中国投资设厂，然而相当长一段时间在中国"默默无闻"。继扬巴一体化工程之后，2002 年9 月，巴斯夫宣布在上海成立巴斯夫化工有限公司，兴建世界最大的聚四氢呋喃一体化生产设施。投资之外，巴斯夫还积极参与各种活动，10 月，巴斯夫公司与中国工程院共同主办了"能源·环境·可持续发展研讨会"，并在北京开展了"小小化学家——儿童互动实验室"活动。所有迹象表明，世界最大的化学公司正展开全方位的中国攻略。

巴斯夫自1885年进入中国市场，其对中国市场的进入策略逐步从产品出口为主发展到以直接投资为主。一开始，巴斯夫只是进行了小规模的投资。1994年，与扬子石油化工公司在南京成立合资企业。1997年秋，乙苯、苯乙烯及聚苯乙烯正式投产。这些产品主要用于包装工业、电子/电气设备、玩具和家庭用品。当时，聚苯乙烯在中国市场十分紧缺。聚苯乙烯的畅销促使巴斯夫决定再往上推进一步，这就是扬巴一体化工程。2000年底，巴斯夫与中国石油化工股份有限公司成立合资企业——扬子石化—巴斯夫有限责任公司，2001年9月底举行了奠基典礼。巴斯夫在这总投资达29亿欧元（合222.52亿元人民币，当年汇率）的一体化基地项目中拥有50%的股份。该基地以60万吨/年乙烯装置为核心，配套建设下游9套世界级规模的石油化工装置。这也是中国第一次引入"一体化"概念。

巴斯夫公司现在已经开始了在中国发展的第三阶段：把该公司的核心竞争优势"联合体"生产基地复制到中国，拉开了大规模实质性投资的序幕。2002年9月，针对中国纺织业的优势，巴斯夫又在上海化学工业园投入巨资兴建一套世界最大的四氢呋喃（THF）（6万吨）和聚四氢呋喃（PolyTHF）（8万吨）一体化生产设施项目。南京、上海的三大一体化基地项目的布局成功，加上巴斯夫在中国已经拥有的4家独资和7家合资企业，使其产品涵盖上游（MDI、TDI、THF和PolyTHF等）、中游（乙烯系列、新戊二醇、聚氨酯等）、下游（纺织、维生素、弹簧元件、各种工业用漆和助剂等）产品链产品的生产、销售。巴斯夫公司在华投资化工产品上下游关系如图6-4所示。

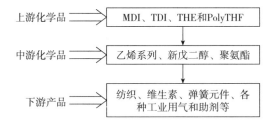

图6-4　巴斯夫公司在华投资化工产品上下游关系图

巴斯夫公司认为，中国以后将成为亚太区的战略重点区（战略利益）。对中国的投资力度不断加大。与此同时，巴斯夫在中国的直接投资也在迅速发展。在华投资大多以独资和高比例的控股权的形式出现，因此高关税壁垒和反倾销并非直接投资的主要动因。巴斯夫预计，中国国内市场将会以每年9%以上的比例增长。因此，中国和亚洲地区的迅速经济增长所带来的经济回报和战略利益是巴斯夫直接投资的根本动力。

6.3.2 巴斯夫在华投资的丙烯酸酯预销售

德国巴斯夫在华企业在中国经营和市场方面已取得不菲的成绩，但也面临如分销、知识产权、税制、政策变动的不可预测性等不容忽视的风险。根据《经济观察报》报道，对巴斯夫来说，眼下面临的最大风险莫过于不断增长的反倾销调查和诉讼。

1999~2003年，巴斯夫公司的产品已有多次被中国国内企业起诉有反倾销行为。目前涉案8起，结案的有2起，其中1起胜诉，1起败诉，还有更多的调查正在进行中。

巴斯夫丙烯酸酯的预销售量是依据其对华投资合同，在投产前的预销售是其设计产量（21.5万吨）的30%，该标准确定依据的是企业正常开工生产最低量为总产量的50%，被允许的预销售量为7.5万吨/年。实际的预销售量2001~2003年为3.5万吨左右（丙烯酸酯预销售量2003年为7.4万吨，2004年预计为7万吨）。2001年丙烯酸酯的市场份额为7%，2002年为5.8%，其预销售产品主要从马来西亚进口。

6.3.3 中国对巴斯夫预销售行为的反倾销措施

在2001年巴斯夫预销售丙烯酸酯伊始，市场价格就高于10000元/吨，2002年为8000~10000元/吨。预销售致使中国相似产品价格下降，企业经营困难，对中国相关企业生产经营产生了实质损害。

6.3.3.1 关于巴斯夫企业的预销售

巴斯夫的预销售使中国国内的相似产品价格下降，导致企业经营发生困难。在国内相似产业的要求下，在充分听取外资企业意见和调查取证的基础上商务部做出4%的终裁决定。

6.3.3.2 关于巴斯夫企业的预销售和倾销幅度

此次反倾销诉讼三个提起者是北京东方化工集团、上海高桥石化、吉联石油化工。据介绍，近年来，由于日本、德国和美国大量低价向中国出口丙烯酸酯（以上三国是世界上最大的三个丙烯酸酯生产国）使中国境内相似产品的价格大幅下降。中国仅有的三家生产企业在国内需求连年大幅增长的情况下，生产量和销售量却增长缓慢，生产能力始终不能得到充分发挥，企业利润急剧下降。相关数据显示，1996 年比 1995 年下降了 38.05%，1997 年比 1996 年又大幅下降了 230.04%，并且出现了严重的亏损。据提起人称，如果不采取相应保护措施，中国相关产业将会遭到毁灭性打击。

对于具体的"倾销事实"，这里有一组数据：丙烯酸酯进口量，1997 年增长 81%，1998 年增长 50%。1998 年，中国对日本、德国、美国该产品的进口量为 60883.218 吨，占中国市场的 33.66%。同期，国内厂商市场占有率由 1995 年的 74.23% 下降至 1998 年的 60.94%；1995～1998 年年均销量增长 13%，但年均收入下降 7.68%；税前利润更由 1996 年的 38% 下降至 1997 年的 23%，全行业出现亏损。

6.3.3.3　针对丙烯酸酯的反倾销

中华人民共和国对外贸易经济合作部于 1999 年 12 月 10 日公布对原产于日本、德国、美国的丙烯酸酯正式进行反倾销立案调查，后因德国 1999 年对华丙烯酸酯出口量仅为 1.2%，属于忽略不计。对美国巴斯夫公司自 2000 年 11 月 23 日起征收 67% 的反倾销税。由于美国巴斯夫公司并不为扬子—巴斯夫提供预销售产品，因而并无直接影响。

1999 年 11 月 23 日，外经贸部经过近 1 年的立案调查，初裁决定即日起对日德美进口的丙烯酸酯实施临时反倾销措施，进口商需按各自被裁决的倾销幅度，向中国海关缴纳按进口价计算的相等比例的现金保证金，幅度在 24%～74%。

1999 年 12 月 8 日，北京东方化工集团会同其他两家企业共同向国家经贸委外经贸部提出对日德美"丙烯酸酯"反倾销。2000 年 11 月 23 日，经调查，国家有关部门做出了以上初步裁定，按相关法律规定，被诉方要在 20 天内应诉，否则初裁结果将成为终裁结果。

中华人民共和国对外贸易经济合作部于 2001 年 10 月 10 日公布对原产于韩国、新加坡、马来西亚、印度尼西亚的丙烯酸酯再次正式进行反倾销立案调查，于 2003 年 4 月 10 日终裁马来西亚巴斯夫国油化学私人有限公司 4% 的反倾销税。

6.4 巴斯夫的直接投资战略反应

巴斯夫在遭遇反倾销之后①，首先启动了在华投资项目，主要有在南京投资 29 亿欧元建立扬子—巴斯夫一体化项目，在上海漕泾投资跨越反倾销壁垒的直接投资南京、上海的三大一体化基地项目的布局成功，加上巴斯夫在中国已经拥有的 4 家独资和 7 家合资企业，使其产品涵盖上游（MDI、TDI、THF 和 PolyTHF 等）、中游（乙烯系列、新戊二醇、聚氨酯等）、下游（纺织、维生素、弹簧元件、各种工业用漆和助剂等）产品链产品的生产、销售。

巴斯夫以 7 家合资企业、1 家独资企业，共 6 亿美元的投资使它成为中国化工行业最大的外商投资企业。2001 年，巴斯夫在中国的销售收入达到 11 亿欧元，占巴斯夫公司当年全球总收入 325 亿欧元的 3% 多。巴斯夫目前在中国北京设立巴斯夫（中国）有限公司（BCH），并设立了 6 个办事处（北京、上海、广州、沈阳、南京和大连）；拥有 8 家生产企业②。

巴斯夫在亚太地区的重大投资项目主要有，马来西亚关丹两套主要的综合生产装置——丙烯酸系列综合装置和炭基合成醇/合成气综合装置；新加坡 Jurong 岛—巴斯夫与壳牌公司的合资公司 ELLBA Eastern 投资一套世界级规模的苯乙烯单体和环氧丙烷生产装置；韩国丽水—巴斯夫的异氰酸酯基地的甲苯二异氰酸酯（TDI）部分已经扩建完成，2004 年完成二苯甲烷二异氰酸酯（MDI）部分；中国南京—巴斯夫与中石化投资 29 亿欧元，建立占地 220 公顷的一体化石化基地，于 2005 年投产；中国漕泾—巴斯夫与亨斯迈及中方合作伙伴共同成立一家合资公司，生产甲苯二异氰酸酯（TDI）、二苯甲烷二异氰酸酯（MDI）及其原料，2005 年投产，另外兴建四氢呋喃（THF）和聚四氢呋喃（Poly THF），2004 年投产。当时预计这些投资活动将创造超过 30 亿欧元的销售额，并将巴斯夫在迅速

---

① 尽管 1999 年案件是以忽略不计结案，但巴斯夫公司却预感到将来还有可能再次涉案和其中蕴含的商机。

② 资料来源：巴斯夫公司宣传资料。

增长的亚洲市场中的本地生产产品销量增至 3 倍。项目将创造 10% 以上的预期总资产收益率，从而令其在亚太区获得更多盈利①。

这些重要投资都是在 2000 年以后逐步实施的，可以看出巴斯夫的投资转移和生产转移的轨迹，就是采取了对华投资和第三国投资生产的反应措施。

这里以巴斯夫在两起丙烯酸酯案的反倾销与由此引起的博弈为例分析跨国公司在面临反倾销税时可能的互动反应。在巴斯夫投资中国的过程中，为了吸引外资，中国外资当局同意在巴斯夫投产之前以不高于其设计产量的 30% 先行在中国市场上预销售丙烯酸酯，以此培育市场。可是丙烯酸酯产品在中国市场是一个低度发展的产品，也就是说，巴斯夫的预销售对中国国内丙烯酸酯的销售产生了极大影响，因而导致该产业生产经营困难。所以，国内企业对巴斯夫的预销售提起反倾销起诉。经商务部确定，虽然巴斯夫因市场占有量只有 1.2% 而免于征收反倾销税。尽管未征收，但该案已经使巴斯夫觉察到了投资过于集中的风险，所以巴斯夫对马来西亚、韩国、新加坡进行了类似投资，并且从韩国和马来西亚进口丙烯酸酯从而规避了再次遭遇反倾销的可能。但是，其在马来西亚和韩国的进口又构成了倾销，2002 年巴斯夫再次涉及中国的反倾销案件。具体如图 6-5 所示。

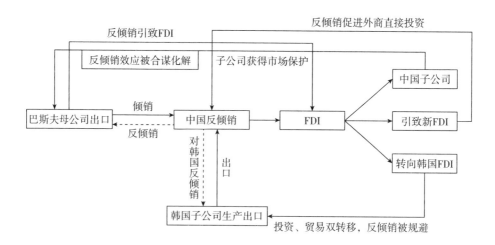

图 6-5　贸易投资重叠性下中国反倾销与巴斯夫直接投资相互作用机理

---

①　具体项目信息参见附录 8。

6.5 丙烯酸酯反倾销调查效应及其对
巴斯夫在华投资的影响

中国商务部对于丙烯酸酯的反倾销在国内丙烯酸酯产品的市场上产生了一系列重要的影响。首先，在调查期，国内企业由于反倾销调查的保护作用，各项指标比反倾销之前大为改善。尤其是在丙烯酸酯的价格上由反倾销前的每吨 8000 ~ 10000 元飙升至每吨 16000 元左右。价格的上涨表面上看似乎是反倾销的巨大成就，企业脱困，丙烯酸酯产品的市场异常火爆。其次，丙烯酸酯的价格提高对下游国内企业的利益有一定冲击，对消费者福利有着负效应。原因不在于反倾销本身，而在于丙烯酸酯的市场结构的特殊性。丙烯酸酯属于化学原料，从产业链的角度来看属于上游产品。对其征收反倾销税后价格上升幅度很大，激励了跨国公司从第三国进口从中牟利的动机；从战略角度来讲，跨国公司会考虑直接投资。

在中国丙烯酸酯市场上，巴斯夫所占比例不大，2001 年为 7%，2002 年为 5.8%。可是巴斯夫所售产品的价格要比其国内同类产品低，显然有作为跨国公司优势的价格作用。如 2002 年丙烯酸酯的价格从 2001 年的 10000 元/吨以上，跌至 8000 ~ 10000 元/吨，在反倾销调查开始时，甚至接近 8000 元/吨。在这个价格上，国内的企业难以保本，更谈不上利润，企业的正常经营受到严重冲击，导致在行业规模稳步增长的形势下亏损严重。这是由于预销售是利用成本优势，低价倾销造成的。

同时，对巴斯夫征收的反倾销税为 4%，这一税率对于丙烯酸酯的 60% ~ 100% 价格涨幅来说显然要小得多，换句话说，如果中国企业和政府为反倾销案件付出的成本大于 4% 的反倾销税收入的话，那么从成本收益来说，对中国企业是不利的。这可能只能算是对该公司倾销行为的一种微弱的警告作用。相反，被指控企业占有中国丙烯酸酯销量的 7%（3.6/51，2001）。巴斯夫反倒因丙烯酸酯的反倾销获得了更多的超额利润。

巴斯夫方面声称，对丙烯酸酯的反倾销有悖于当时有关方面对预销售的承诺。诚然，为吸引外资而开出的允许外方在投产前每年进行相当于设计产量30%的预销售量，是当时中国为吸引大的跨国公司向中国投资的某种优惠措施，在现在看来部分是由于对跨国公司的经营能力、战略意图不了解，没有预见到外资经营活动对国内产业的巨大冲击。这种后果也许是我们不得不付出的"学习"代价。而在中国加入世界贸易组织后，这种措施是否符合国民待遇原则需要认真研究。此外，从某种意义上说，预销售只是表面问题，关键是预销售的价格和数量。因此，反倾销调查部门根据有关法律对预销售进行倾销调查和确定，最终决定对此行为是否造成倾销和是否采取反倾销措施，这对维护市场公平秩序是有必要的。

6.6 中国反倾销与巴斯夫公司的投资博弈

6.6.1 中国对巴斯夫预销售行为的反倾销的博弈分析

用博弈分析法解析对巴斯夫公司的预销售采取反倾销后巴斯夫公司的可能反应策略及其对反倾销效应的影响，具体分析如下：

6.6.1.1 博弈参与方

（1）中国政府贸易主管部门。

（2）巴斯夫公司。

6.6.1.2 博弈方的策略选择集合

（1）若巴斯夫进行合法的预销售（按照投资合同约定）。①可以按照吸引投资的要求顺利实现吸引外资的目标（引进技术和项目、拉动出口，促进经济持续增长、产业结构调整、就业），同时提供优惠的投资政策，增强国内市场对外资的吸引力。②依照投资合同，合法地赚取相应的利润，按期投产。

（2）若外商利用预销售倾销。①进行反倾销的成本与收益。成本：调查立案成本及其他相关支出和成本；B撤资的损失。收益：国内产业受到保护，维持国内的公平市场竞争环境，反倾销税收入。②遭受反倾销后的成本与收益。收益：倾销收益，市场份额；成本：反倾销税、撤资成本（前期投资数额）、反倾销税额，以及市场战略转变成本、市场份额损失。

（3）博弈过程。①征收反倾销税。②当被允许的预销售数量大于合理数量或价格远低于正常价格时，撤资成本（前期投资数额小）、反倾销税额，以及市场战略转变成本之和远小于倾销收益和市场份额所得等外溢性的收益时，B 将会继续倾销，追求未来的战略利益。

另外，当被允许的预销售数量和价格接近于合理数量和价格时，B 的撤资成本、反倾销税额，以及市场战略转变成本之和大于或等于倾销收益和市场份额所得的收益时，在中国市场战略利益很显著的情况下，外商将会停止倾销，继续执行 FDI 合同，追求战略利益；在中国市场战略利益不显著的情况下，从中国撤资，移资第三国。以上分析可以用图 6-6 表示。

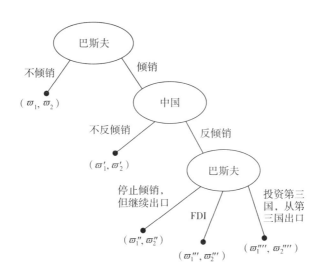

图 6-6 中国与巴斯夫预销售反倾销博弈

在中国政府与巴斯夫公司在丙烯酸酯产品的博弈中，巴斯夫预销售出口中国市场，若不进行倾销，则其收益为（ϖ_1，ϖ_2）；若进行倾销，中国不反倾销的话巴斯夫收益为（ϖ_1'，ϖ_2'）；若中国反倾销，巴斯夫的收益有三种情况：①若继续出口，则收益为（ϖ_1''，ϖ_2''）；②若对中国进行直接投资，收益为（ϖ_1'''，ϖ_2'''）；③若转而投资第三国，则收益为（ϖ_1''''，ϖ_2''''）。

在以上分析中，决定外资成本与收益的重要指标是前期投资额、其拥有的预销售数量、价格空间和其对于中国市场的未来战略利益的预期。市场预期在当前形势下可以视为既定，那么决定性因素就是前期投资额、其拥有的预销售数量与价格空间。

当该项目是新签订的项目（即前期投资额小），则外商投资企业的成本主要为反倾销税，其未来收益在受其他投资对象优惠政策的抵减之后可能接近0或小于0，此时极有可能从中国撤资。

当该项目属于投资中后期（即前期投资额相当大），其撤资的成本要远大于其支出的反倾销税税额。在这种情况下，外资不会撤资。尤其在全球经济一体化进一步加深、竞争日趋激烈、各国反倾销保护日渐增多的背景下，中国在反倾销实践中的公平、公正性，也是一个重要因素。

对于遵守WTO公平竞争原则的潜在投资者来说，中国将来的经济增长潜力是其投资中国市场的根本因素。随着中国市场经济的进一步发展，国内市场的开放性、公平性、竞争性、成长性、安全性会促使更多的企业进入中国合法经营。即合理运用反倾销手段保护本国市场，尤其是体现在以上几个方面的效果，长期效益是巨大的。

6.6.2　巴斯夫转移投资于韩国后的反倾销博弈

在上述预销售博弈中，当巴斯夫利用其垂直化的全球生产网络规避反倾销时，可能采取向韩国直接投资生产，然后再出口到中国市场。这样形成了对中国的丙烯酸酯反倾销的直接规避。如上文分析，巴斯夫同时还在韩国丽水投资了丙烯酸酯生产项目，此时巴斯夫就转而从上述两国进口丙烯酸酯，这在客观上规避了反倾销保护的效应。这里可以沿用上文的博弈树来分析投资韩国以后的博弈结果。

在这一阶段的博弈中，当跨国公司遭受到中国反倾销时，其选择向周边国家投资（这里假定跨国公司的最终目标是要进入中国商品市场），在第三国生产，转而出口到市场。在现实中，巴斯夫公司对新加坡、马来西亚和韩国的投资在一定程度上可以解释为这一类的转移投资。若以保护本国产业利益为目标，中国的最优策略是对来自韩国、马来西亚巴斯夫公司的进口征收反倾销税，案例中列举的资料就可以验证这一结论。当对来自第三国的丙烯酸酯进行反倾销时，反倾销博弈就回到了对其母公司反倾销时的情形，即跨国公司将采取 FDI，进一步加强对中国的投资。

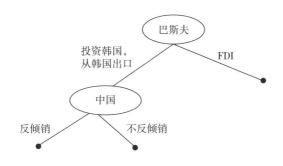

图 6-7 巴斯夫转移投资韩国后的博弈

另外一种情形就是在第三国投资后，通过某种形式的转换之后，又转而对中国进行直接投资。这种情形不大可能出现，因为当跨国公司投资第三国时，已经产生了一定的投资成本，若再转而投资中国（尤其中国一直致力于吸引外资，并未限制外资的进入）势必造成更高成本。

6.7 本章小结

本章选取贸易投资重叠性最为突出，反倾销与 FDI 冲突明显的巴斯夫公司丙烯酸酯案为例来分析。该案例清楚地表明，在贸易投资重叠性条件下，反倾销对于在全球经营的跨国公司的影响是可能导致其在东道国进行 FDI 或在第三国转移生产。这两种反应对于反倾销的影响是相当明显的。

若跨国公司对东道国直接投资，反倾销的保护效应也会使原有的跨国公司子公司受益，这会进一步增加跨国公司在国内的竞争优势。尤其当跨国公司在国内该行业占有相当的市场地位时，反倾销保护的大部分收益将被跨国公司所收获。若跨国公司转而在第三国投资生产，继而再向本国出口，这将会使原有的反倾销税的保护效应被化解或失效，本国最佳的反应是继续向第三国的出口采取继发性的反倾销措施。

在本案例中，巴斯夫公司在 2000 年开始对中国的投资其实就是 1999 年中国对巴斯夫公司反倾销调查的一种反应：跨越反倾销壁垒的直接投资；2003 年后对中国周边的韩国、马来西亚等国的投资就是本书所指的转移投资行为。丙烯酸酯先后两次被采取反倾销措施即是中国对跨国公司战略反应的因应措施。可见，准确把握当前国际经济中的贸易投资重叠性趋势，在跨国公司在华投资日益增多的形势下，合理协调贸易与投资政策，使二者能够产生正向协同效应，其实就是在贸易保护和引进外资（对外开放）之间寻找平衡点。

在贸易投资重叠性的条件下，从上文数据来看，中国近年来发起反倾销案件的数量已经比 2002 年有大幅下降，这在某种程度上可以理解为中国政府在反倾销贸易保护方面已经考虑到贸易保护效应与吸引外资效应的平衡问题。但是这只是问题的一个方面，要实现平衡，还必须在充分考虑到贸易投资重叠性的影响的基础上对吸引外资政策方面做出相应的调整，最终实现反倾销与直接投资的协调一致，并在一定条件下实施中性的外资政策。

7   结论与研究展望

贸易投资结构重叠性是随着跨国公司的全球化经营活动正在深入发展，要素的流动日益频繁。正如我们看到的国际贸易量在 20 世纪 90 年代以来以高于全球经济增长率的速度向前发展，贸易投资重叠性将会在不同层面继续展现出新的形态。贸易投资重叠性已经在理论和实践上突破了传统贸易理论所假定的要素在国际间不流动的理论基础。要素的跨国流动是贸易投资重叠性的基础。

7.1   研究结论

本书仅把贸易投资重叠性作为理论与现实背景，对反倾销与外商直接投资的相互影响进行了初步分析。结论主要如下：

本书以贸易投资一体化理论和产品内分工为基础，阐发了贸易投资重叠性的概念。这为国际经济理论研究提供了一个新的视角，即在要素可流动条件下，跨国公司的国际贸易成本和投资成本在一个全球产品内分工网络中可以自由转移，这在一定程度上出现了对东道国反倾销贸易壁垒的跨越。

贸易投资重叠性是贸易投资一体化的纵深发展，是由产品分工转向要素分工和产品内分工的产物。这种重叠化已经逐渐成为跨国公司全球化经营的主要表现形式。这里同时可以看到，贸易投资的重叠化也是贸易摩擦与投资摩擦出现了重叠。本书就是在这种重叠化的基础上分析反倾销与跨国公司的直接投资相互作用，进而提出应对策略。本书特别强调，贸易投资重叠性条件下的跨国公司的垂直化直接投资是最主要的投资形式。为了分析方便，还假定跨国公司成本转移是沿着上游—中游—下游的路线转移。

关于贸易投资重叠性的反倾销措施与垂直型外国直接投资的相互影响。本书界定了贸易投资重叠性、反倾销税的成本与收益函数关系式、跨国公司垂直投资的成本可转移条件下的函数关系式，运用博弈框架分析了反倾销与VFDI的相互影响。分析得出，跨国公司可能采取的战略反应——规避反倾销的FDI或寻求在东道国以外的生产地外包生产（垂直化生产）对反倾销措施的影响。

分析显示，在贸易投资重叠性条件下，反倾销保护的效应因受到跨国公司的战略反应的影响而出现了不确定性。具体来说，当遭受反倾销后，跨国公司的反应可能会有三种：

第一种情况，当在东道国已经有子公司存在的条件下，该跨国公司将会通过公司内部转移定价等形式谋求全球利益最大化，在一定程度上实现了母公司与子公司合谋的局面。这主要取决于外资所占国内市场份额的大小，若市场份额大，则反倾销保护的跨国公司获得，若份额小，则可以达到贸易保护的目的。

第二种情况，若在反倾销之前在东道国没有子公司存在，在进口国强大的未来市场潜力的促使下，会对该国进行直接投资，如果仅以反倾销保护效应来看，则反倾销保护已经被跨国公司化解。但考虑到吸引外资所带来的其他潜在收益，由反倾销导致的直接投资一般来讲是可以弥补反倾销效应化解的损失，并且在一定程度上还可以把反倾销作为促进吸引外资的一种政策工具。这一结论可以用中国反倾销产品与中国吸引外资的产业目录和跨国公司投资的产业分布的重叠化来印证反倾销措施可以在某种程度上促进外资的流入。当然这一现象的出现是有条件的，即反倾销税导致的福利损失远小于潜在预期收益，这是与中国广阔的市场密切相关的。当然，若出现规避反倾销的FDI，对本国增加生产会暂时有利，后续还会产生对本国产业的竞争压力，这是未来政策制定需要预先加以考虑的。

第三种情况，若跨国公司在第三国生产，则反倾销保护在短期内起到了保护效应，但是长期来讲，从第三国的进口会很快填补反倾销保护所制造的市场空白。若要继续保护本国产品市场，必然导致针对第三国继发性反倾销①。跨国公司的战略反应对反倾销产生了重要的反作用。不论是直接投资还是转移他国的生产，最终都导致了反倾销保护效应的化解，使反倾销失效了。

在上述第一种情况下，由于东道国国内跨国公司的存在，反倾销保护的收益被跨国公司的子公司分享，东道国反倾销收益受到减损。此时，东道国的反倾销措施需要与其外资政策协调，即在制定吸引外资政策时预先考虑到市场份额因素，不要使外资公司在该产品市场上获得市场势力，把其份额控制在一定范围内，以保证反倾销收益绝大部分被本国民族企业获得。

在上述第二种情况下，当跨国公司对该国进行直接投资，这在一定程度上会实现吸引外资的目标。但是要考虑到跨国公司进入后给国内厂商造成的竞争压力可能会更加剧国内企业的经营困境。加之东道国一般都执行某种形式的"超国民待遇"特色的政策，境况可能更糟糕，这就出现了一种"引狼入室"的尴尬境地。所以，在处理由反倾销导致的 FDI 时也要考虑到外资的市场占有率不能过大，应该控制在一个提供国内企业有效竞争，而不致遏制本国企业的生存与发展的市场份额以内。

在上述第三种情况下，跨国公司转移投资他国生产，再行出口到东道国。这种反应对前期的反倾销的规避使东道国贸易保护失效，若以保护本国市场为目标，则东道国需要对来自第三国的同类产品采取反倾销措施，尽管这会进一步增加东道国下游产业的成本，但也是无奈之举，不得已而为之。

在贸易投资重叠性条件下，东道国吸引外资时应预先考虑到本国产业发展和产业结构调整以及贸易保护的因素，尽可能争取协同效应和战略效应最大化，这样就不会出现贸易保护与外资政策的冲突。这就呼唤中性 FDI 政策，并且需要修改统一企业税收以外的其他对外资的"超国民待遇"政策，改变不计成本的引资策略，构建中性的、有利于内外资企业共同发展的经济环境。

---

① 例如中国对丙烯酸酯在 1999 年和 2003 年先后发起两次反倾销，虽然所针对国家有所不同，其实都是与巴斯夫公司有直接关系。后一次是针对来自马来西亚和韩国的巴斯夫子公司出口的丙烯酸酯，其实就是巴斯夫公司的转移投资反应。

7.2 反倾销利益与外资目标趋同的政策调整建议①

在贸易投资重叠性条件下解决引资政策和反倾销政策潜在冲突的关键在于：首先，要制定合理的产业政策，即用动态发展的眼光确立那些有发展潜力，能充分带动上、下游产业，关系国家发展的战略产业；其次，要在重点产业内部确立重点发展和扶持的高端产品。只有在合理地确立中国产业政策之后，才能依此为产业指导方向，进一步确立相关的引资政策和反倾销政策，从而在实现利用引资政策与反倾销政策双管齐下的背景下，达到提升中国的产业结构的目的。

可见，对于东道国的贸易保护措施，跨国公司在贸易投资重叠性条件下，可以做出跨越贸易壁垒的 FDI 反应，从而在一定程度上降低或完全规避反倾销的影响。具体来说，若反倾销导致的外商成本增加大于其出口收益，在进口国市场前景很好、市场潜力大的情况下，跨国公司会采取直接投资进入东道国的策略以规避反倾销。若反倾销导致的外商成本增加虽大于其出口收益，在进口国市场前景不明朗、市场潜力并未充分表现出来时，跨国公司将在第三国投资生产再行出口到东道国。

跨国公司的如上反应措施会改变反倾销保护起作用的市场环境和市场结构。若跨国公司增加直接投资，则会因为反倾销引致大量外国直接投资，这样东道国民族企业（假定在此之前该产品生产领域没有外资企业）将面临强大的竞争压力，经营市场条件将比反倾销前更加不利。要解决这一矛盾唯一的措施就是对吸引外资的规模以及行业事先进行引导，使 FDI 进入能产生促进国内该产品竞争和产业的良性互动发展。

若跨国公司转而投资第三国并再次出口到该国，这首先对本国的反倾销措施的效应产生了规避，从而使其失效。因此反倾销措施应再次针对来自第三国的同类产品实施反倾销措施。这种结果在纯粹考虑反倾销的目标时，这种继发性的反

倾销可以化解跨国公司转移投资而产生的反倾销规避。但从动态来看，连续的反倾销一方面增加了东道国的反倾销成本，另一方面使国内该产品价格进一步上升，国内下游产业将面临成本增加的压力。为了应对跨国公司的战略反应，在现有政策结构下，应同时从两个方面着手。

在反倾销方面，主要考虑如下措施：

（1）准确理解贸易投资重叠特点，确保政策灵活性。在当代世界中，在经济全球化的进程中，贸易投资重叠性得到了迅猛发展。尤其是跨国公司已经遍布全球，跨国公司的全球经营战略对世界经济的影响逐步增强。一个国家制定和实施对外经济政策必须掌握跨国公司的全球战略的特征：国际贸易和国际投资的重叠性。贸易投资重叠性意味着要素的跨国流动，贸易成本和投资成本的可转移。在这种国际市场环境下，贸易政策的实际效应也会变得不确定，呈现出"游走型"的特征。这是当前制定和实施外经贸政策的基本前提。这就要求外资外贸政策具有良好的灵活性和前瞻性，对跨国公司的可能反应策略尽早做出预判，以确保政策的有效性。

（2）把握反倾销等措施的适用条件：国内市场上外资企业所占市场比重。尽管经济全球化是国际经济的主要特征，但贸易保护仍然是各国在全球化进程中可以凭借的重要政策措施。反倾销措施使用的效果取决于外资在本国市场的份额以及市场影响力。当一个国家国内跨国公司在国内该产品市场上的比重很小，不具有市场影响力，对外反倾销的效应是确定的（这在一定程度上可以解释印度为何可以毫无顾忌地对外发起大量的反倾销诉讼），如果比重较大，甚至是具有相当的影响力，则反倾销保护的作用反倒会保护这些跨国公司的利益，而与保护民族企业的初衷背道而驰，反而会为跨国公司母子公司之间达成合谋创造条件。

（3）充分认识反倾销与FDI的作用机理，执行综合考虑贸易与投资政策效应的中性化外经贸政策。当前的反倾销措施正在被众多发展中国家使用，但是贸易投资重叠性条件下的贸易保护政策与垂直型直接投资促进政策的冲突不仅使贸易保护政策的效果变得不确定，而且可能使投资政策与贸易政策效果抵消，甚至产生负效应。在贸易投资重叠性条件下，认清反倾销与垂直型FDI的相互影响作用，尤其是跨国公司的战略反应对反倾销的动态影响最值得注意，也就是要考虑FDI变化对反倾销动态的效应。

在贸易投资重叠性条件下，贸易保护的效果不确定时，要真正实现贸易保护的目标，必须把贸易和投资政策协同为一体，通盘考虑。在吸引外资的时候预先考虑到本国产业发展和产业结构调整以及贸易保护的因素，同时贸易保护政策设计中要考虑到吸引外商投资的产业目标，尽可能争取协同效应和战略效应最大化，这样就不会出现贸易保护与外资政策的冲突。尤其在中国当前经济中外资成分已经相当高了，如继续执行传统理论条件下的贸易保护和 FDI 激励政策，势必适得其反。这就呼唤中性 FDI 政策，这类政策对境外厂商的投资行为实行"不干预"的干预政策，及对厂商的行为既不抑制也不刺激，而由厂商根据投资环境和自身条件，完全自主地做出 FDI 抉择。这就需要修改统一企业税收以外的其他对外资的"超国民待遇"政策，改变不计成本的引资策略，构建中性的、有利于内外资企业共同发展的经济环境。

在外资政策方面，应采取差别化的政策措施：

（1）对那些不属于中国重点发展与扶持的、中国技术力量达不到国际竞争水准的产品，可以通过外商直接投资的方式满足国内的需求，与之相应所采取的反倾销措施与引资措施的组合战略是：加大反倾销调查力度，放松反规避措施，进而促使外国企业由商品进入方式转为投资进入，最终达到扩大引资的目的。

（2）对那些确立为需要国家重点扶植的产品，且在 3~5 年内发展潜力很大的企业，国家要在尽可能的范围内给予最大程度上的政策倾斜，同时减弱外国商品进入和投资进入对中国相关产业和产品的冲击程度。与之相应所采取的反倾销措施与引资措施的组合战略是：既加强反倾销调查力度，又加强反规避措施的力度，同时不将其确立为鼓励引资的行业与产品，从而实现在进口与投资两方面同时减弱外国产品对中国相关行业的冲击的目的。

（3）对上述两项政策都不涉及的产业与产品，国家外贸外资政策调整的重心在于尽力营造和提供一个公平竞争的环境，使国内企业在市场规则的框架下，优胜劣汰、展开充分竞争。

（4）协调 WTO 成员与中国政府在规范外商投资的相关事宜。随着贸易投资重叠性的发展，我们必须看到投资措施不能局限于中国改革开放初期的外资政策目标中，还必须结合国内产业安全政策目标，评估中国的外资政策，出台适应新形式的利用外资的法律法规，以便将中国的外贸政策与外资政策有效结合，相得益彰。

7.3 创新点

本书从新的视角——贸易投资重叠性分析了反倾销与 FDI 的相互作用。本书建立了追求反倾销收益最大化、外商直接投资流入最大化和协调反倾销与外商直接投资收益的三种目标诉求下的东道国收益分析，构建了反倾销与直接投资相互作用的分析框架，在此基础上研究了贸易投资重叠性下的反倾销措施对垂直型外国直接投资的相互影响机理。并选取中国对丙烯酸酯产品的两起反倾销案件中都涉及的德国巴斯夫化学公司及其子公司的反倾销案件进行了分析，验证了本书的结论，并进而通过博弈分析得出反倾销措施与 FDI 政策动态调整。本书的创新点有：

（1）完整地提出了"贸易投资重叠性"的概念，并对其内涵及其与贸易投资一体化、产品内分工等概念的联系进行了分析比较。本书运用四个层次的矩阵法深入地分析了国际贸易与国际投资、反倾销产品和投资品、进口反倾销涉及产业与投资产业目录以及外国对中国反倾销部分产品的与外商对华投资产品的重叠性，深入分析了贸易投资重叠性现象。这是在当前国际贸易摩擦的分布与跨国公司的全球垂直一体化生产网络的重叠性的突出表现，也是理解和解决纷繁复杂的国际贸易摩擦的一个新的突破口。

（2）本章分析了追求反倾销收益最大化、外商直接投资流入最大化和协调反倾销与外商直接投资收益的三种目标诉求下的东道国收益，构建了反倾销与直接投资相互作用的分析框架。运用福利函数分析了东道国在追求产业安全（反倾销）、追求跨国公司 FDI 数量和协调两种政策利益三种情况下的福利变化，发现只有协调化的政策目标下东道国福利可能实现最大化。这一分析对于政府制定相关政策具有借鉴意义。

（3）本章对反倾销与 FDI 的相互作用机理的探索，把要素可流动和成本可转移作为连接贸易与投资的核心概念。对反倾销与 FDI 的相互作用进行了动态双向分析，指出反倾销与 FDI 之间的博弈会呈现出循环型特点。本书发现不论跨国公司是选择直接投资东道国，还是转移投资到第三国，都对反倾销效应产生了化解和规避效应。若东道国市场前景看好，其生产经营成本可以顺利转移时，跨国公司则会选择对东道国直接投资；若以追求反倾销保护为目的，则反倾销政策需要采取相应的应对措施，继续对来自第三国的产品发起继发性反倾销，这样就再次出现了反倾销与 FDI 的新一轮博弈。可见，反倾销效应的不确定性就是因为当前跨国公司在其全球生产网络中转移成本，化解反倾销威胁和损失的结果。当然继发性的反倾销将会使国际贸易摩擦升级，陷入相互报复的恶性循环之中，这就是当前国际贸易摩擦现状的写照。

（4）本书从贸易投资的重叠性条件下的反倾销与跨国公司的垂直型直接投资相互影响的微观分析中，引入了外商进入市场结构和跨国公司的进入战略反应的影响。跨国公司在东道国市场份额因素进行的分析可以解释反倾销效应"耗减"的现象。将市场结构纳入国际贸易理论，构建了反倾销与直接投资条件下的收益函数，对于进一步研究政策收益具有基础性作用。在贸易投资重叠性基础上对协调反倾销和直接投资收益的对策建议中提出实施"中性化"外经贸政策。这对于中国如何实现确保本国国民福利和优化外商直接投资，追求动态比较利益最大化很有借鉴意义。

7.4　未来展望

本书对贸易投资重叠性条件下反倾销与 FDI 相互影响的研究是一次将国际贸易与国际投资置于同一个分析框架的尝试。但由于原有理论分别属于不同的研究框架，要完全实现理论体系的统一化，这其中的分析难免有疏漏和不成熟的地方，未来还有很多需要深入研究的内容。

（1）尽管本书把贸易投资重叠性作为反倾销与 FDI 相互影响的背景和基础，但对于贸易投资结构重叠性的其他影响却是亟待进一步挖掘的。

（2）在对反倾销与 FDI 相互影响的数理分析中，为了完善本书的总体结构，仅选择研究反倾销对垂直型 FDI 影响，其他影响效应在以后的研究中需要加以补充。

（3）在案例研究方面，本书仅选择了涉案的巴斯夫丙烯酸酯产品为样本进行实证分析。由于贸易投资重叠性不仅仅局限于产品层次，而且在产业层次、上下游生产要素之间都可能存在，因此需要进一步挖掘实证分析的深度和广度。

（4）由于篇幅所限，本书没有涉及跨国公司转移定价机制，这是跨国公司纵横世界市场的利器，也会对东道国经济贸易政策的实际效果产生巨大影响。在某些情况下，不考虑转移定价，就无法准确了解跨国公司的战略反应，这将是未来研究的新突破口。

总之，在贸易投资结构重叠性这一领域的探索还是处在初级状态。本书对贸易投资重叠性的更深层次的含义及其理论价值的探索，由于研究内容所限，还远没有全面述及，更无法做到深入研究，这些研究只是一个开始，今后还需付诸更多努力。

参考文献

［1］Alan O Sykes. The Economics of Injury in Antidumping and Countervailing Duty Cases ［J］. International Review of Law and Economics, 1996, 16 (1): 5 – 26.

［2］Alfaro, Laura, Andrew Charlton. Intra – Industry Foreign Direct Investment ［J］. The American Economic Review, 2009, 99 (5): 2096 – 2119.

［3］Arndt S W, Kierzkowsky H (eds.). Fragmentation: New Production Patterns in the World Economy ［M］. Oxford University Press, 2001.

［4］Barrel, Ray, Nigel Pain. Trade Restraints and Japanese Direct Investment Flows ［J］. European Economic Review, 1999 (43): 29 – 45.

［5］Belderbos R, Sleuwaegen L. Tariff Jumping DFI and Export Substitution: Japanese Electronics Firms in Europe ［J］. International Journal of Industrial Organization, 1998, 16 (5): 601 – 638.

［6］Belderbos R. Antidumping and Tariff Jumping: Japanese Firms' DFI in the European Union and the United States ［M］. Weltwirtschaftliches Archiv, 1997 (133): 419 – 457.

［7］Bernhofen, Daniel M. Price Dumping in Intermediate Good Markets ［J］. Journal of International Economics, 1995 (39): 159 – 173.

［8］Blonigen Bruce A, Robert C Feenstra. Protectionist Threats and Foreign Direct Investment ［M］. University of Chicago Press for NBER, 1997.

［9］Blonigen, Bruce A, KaSaundra Tomlin, Wesley W Wilson. Tariff – jumping

FDI and Domestic Firms' Profits [J]. Canadian Journal of Economics, 2004 (37): 656 – 677.

[10] Blonigen, Bruce A. In Search of Substitution between Foreign Production and Exports [J]. Journal of International Economics, 2001 (53): 81 – 104.

[11] Bruce A Blonigen, Stephen E Haynes. Antidumping Investigations and the Pass – Through of Exchange Rates and Antidumping Duties [J]. American Economic Review, 2002 (92): 1044 – 1061.

[12] Bruce A Blonigen. Evolving Discretionary Practices of U. S. Anti – dumping Activity [R]. Working Paper 8398, 2001.

[13] Chandra P, Long C. Anti – dumping Duties and Their Impact on Exporters: Firm Level Evidence from China [J]. World Development, 2013 (51): 169 – 186.

[14] Chen Y M, Liu H H, Wu H Y. Reputation for Toughness and Anti – dumping Rebuttals: Competitive Rivalry, Perceived Benefits, and Stage of the Product Life Cycle [J]. Journal of Business Research, 2016, 69 (6): 2145 – 2150.

[15] Chervinskayaa I. Specificity of Anti – dumping Regulation for Transition Countries [J]. Procedia Economics and Finance, 2014 (8): 144 – 149.

[16] Christopher J. Ellis, Dietrich Fausten, Strategic FDI and Industrial Ownership Structure [J]. The Canadian Journal of Economics, 2002 (3): 476 – 494.

[17] Corinne M Krupp, Patricia S Pollard. Market Responses to Anti – dumping Laws: Some Evidence from the U. S. Chemical Industry. Canadian Journal of Economics [J]. Canadian Economics Association, 1996, 29 (1): 199 – 227.

[18] Cuyvers, Ludo. Contrasting the European Union and ASEAN Integration and Solidarity. Fourth EU – ASEAN Think Tank Dialogue. EU and ASEAN – Integration and Solidarity [M]. European Parliament Brussels, 2002.

[19] Céline Azémar, Andrew Delios. Tax Competition and FDI: The Special Case of Developing Countries [J]. Journal of Japanese Int Economies, 2008 (22): 85 – 108.

[20] Daniele La Rosa, et al. Measures of Safeguard and Rehabilitation for Landscape Protection Planning: A Qualitative Approach Based on Diversity Indicators [J].

Journal of Environmental Management, 2013 (127): 73 – 83.

[21] David Collie. Export Subsidies and Countervailing Tariffs [J]. Journal of International Economics, 1991, 31 (3 – 4): 309 – 324.

[22] Dinlersoz E, Dogan C. Tariffs Versus Anti – dumping Duties [J]. International Review of Economics & Finance, 2010, 19 (3): 436 – 451.

[23] Dixit A K, Grossman G M. Trade and Protection with Multistage Production [J]. Review of Economic Studies, 1982 (49): 583 – 594.

[24] Dunning J H. The Determinants of International Production [R]. Oxford Economic Papers, 1973.

[25] Edward E' Leamer, James Levisohn. International Trade Theory: The Evidence [R]. Working Paper 4940, 1994.

[26] Ekholm Karolina, Forslid Rikard. Trade and Location with Horizontal and Vertical Multi – region Firms, Scandinavian Journal of Economics [J]. Blackwell Publishing, 2001 (1): 101 – 118.

[27] Eleni Ath. Kaditi. Foreign Direct Investments and Productivity Growth in the Agri – Food Sector of Eastern Europe and Central Asia: An Empirical Analysis [J]. Global Economy Journal, 2006, 6 (3): 4.

[28] Feenstra, Robert C. Integration of Trade and Disintegration of Production in the Global Economy [J]. Journal of Economic Perspectives, 1998, 12 (4): 75 – 132.

[29] Feernstra, Robert. Integration of Trade and Disintegration of Production in the Global Economy [J]. Journal of Economic Perspectives, 1998, 12 (4): 31 – 35.

[30] Felbermayr G, Sandkamp A. The Trade Effects of Anti – dumping Duties: Firm – level Evidence from China [J]. European Economic Review, 2020 (122).

[31] Giovanni Maggi. Chapter6: International Trade Agreements [J]. Handbook of International Economics, 2014 (4): 317 – 390.

[32] G M Lee. Chapter 4: Subsidies and Countervailing Duties [J]. Handbook of Commercial Policy, 2016 (1): 161 – 210.

[33] Hee Seo, et al. Development of Prototype Induced – Fission – Based Pu Accountancy Instrument for Safeguards Applications [J] . Applied Radiation and Isotopes, 2016 (115): 67 –73.

[34] Helleiner G K. Manufacturing Exports from Less Developed Countries and Multinational Firms [J] . Economic Journal, 1973 (83): 21 –47.

[35] Hidefumi Kasuga. Evaluating the Impacts of Foreign Direct Investment, Aid and Saving in Developing Countries [J] . Journal of International Money and Finance, 2007 (26): 213 –228.

[36] Hirsch Seer. An International Trade and Investment Theory of the Firm [R] . Oxford Economic Paper 28, 1976.

[37] http: //www. cacs. gov. cn/cacs/lilun/xuandeng. aspx.

[38] http: //www. cacs. gov. cn/cacs/news/newshow. aspx? str1 = 5&articleId = 36755.

[39] http: //www. wto. org/antidumping/statistics.

[40] http: //www. wto. org/statistics.

[41] I Kolstad. The Evolution of Social Norms: With Managerial Implications – Journal of Socio – Economics [J] . Journal of Socio – Economics, 2007 (1): 58 –72.

[42] Ilan Noy, Tam B Vu. Capital Account Liberalization and Foreign Direct Investment [J] . North American Journal of Economics and Finance, 2007 (18): 175 – 194.

[43] Jabbour L, Tao Z, Vanino E, et al. The Good, the Bad and the Ugly: Chinese Imports, European Union Anti – dumping Measures and Firm Performance [J] . Journal of International Economics, 2019 (117): 1 –20.

[44] James B Ang. Determinants of Foreign Direct Investment in Malaysia [J] . Journal of Policy Modeling, 2008 (30): 185 –189.

[45] Jelle Brouwer, Richard Paap, Jean – Marie Viaene. The Trade and FDI Effects of EMU Enlargement [J] . Journal of International Money and Finance, 2008 (27): 188 –208.

[46] John R. Owen, Deanna Kemp. Can Planning Safeguard Against Mining and

Resettlement Risks? ［J］. Journal of Cleaner Production, 2016, 133 (1): 1227 - 1234.

［47］Joshua Aizenman, Nancy Marion. The Merits of Horizontal Versus Vertical FDI in the Presence of Uncertainty ［J］. Journal of International Economics, 2004 (62): 125 - 148.

［48］Jozef Konings, Springael Linda, Vandenbussche, Hylke. Import Diversion under European Antidumping Policy ［R］. CEPR Discussion Papers 2785, 2001.

［49］JW Fedderke. AT Room Growth Impact and Determinants of Foreign Direct Investment into South Africa: 1956 - 2003 ［J］. Economic Modelling, 2006 (1).

［50］J Ederington, M Ruta. Chapter 5: Nontariff Measures and the World Trading System ［J］. Handbook of Commercial Policy, 2016 (1): 211 - 277.

［51］J Finger. A New View of the Product Cycle Theory ［J］. Review of World Economics (Weltwirtschaftliches Archiv), Springer, 1975, 111 (1): 79 - 99.

［52］Kao K F, Peng C H. Anti - dumping Protection, Price Undertaking and Product Innovation ［J］. International Review of Economics & Finance, 2016 (41): 53 - 64.

［53］Koichi Kagitani, Kozo Harimaya. Safeguards and Voluntary Export Restraints under the World Trade Organization: The Case of Japan's Vegetable Trade ［J］. Japan and the World Economy, 2015 (36): 29 - 41.

［54］Konings, Jozef, Vandenbussche, Hylke. Antidumping Protection and Productivity Growth of Domestic Firms ［R］. CEPR Discussion Papers 4620, 2004.

［55］Kyoji Fukao, Hikari Ishido, Keiko Ito. Vertical Intra - industry Trade and Foreign Direct Investment in East Asia ［J］. Japanese Int. Economies, 2003 (17): 468 - 506.

［56］Laffont, Rey P, Tirole J. Network Competition: Overview and Nondiscriminatory Pricing ［J］. Journal of Economics, 1998, 29 (1): 1 - 37.

［57］Mark Yaolin Wang, Xiaochen Meng. Global - local Initiatives in FDI: The Experience of Shenzhen, China. Asia Pacific Viewpoint ［J］. Blackwell Synergy, 2004 (1).

［58］ Markusen, James R, Anthony J. Venables. Multinational Firms and the New Trade Theory ［R］. NBER Working Paper No. 5036, 1995.

［59］ Markusen, James R, Anthony J Venables. Multinational Firms and the New Trade Theory ［J］. Journal of International Economies, 1998 (46): 183 – 203.

［60］ Massimo Motta, George Norman. Does Economic Integration Cause Foreign Direct Investment? ［J］. International Economic Review, 1996 (4): 757 – 783.

［61］ Matthias Busse, Carsten Hefeker. Political Risk, Institutions and Foreign Direct Investment ［J］. European Journal of Political Economy, 2007 (23): 397 – 415.

［62］ Michael P Gallaway, et al. Erratum to "Welfare Costs of the U. S. Anti-dumping and Countervailing Duty Laws": Journal of International Economics ［J］. Journal of International Economics, 2000, 52 (1): 205.

［63］ Niels, Gunnar. Trade Diversion and Destruction Effects of Antidumping Policy. Empirical Evidence from Mexico ［R］. Working Paper, 2003.

［64］ Pavida Pananond. The Changing Dynamics of Thai Multinationals after the A-sian Economic Crisis ［J］. Journal of International Management, 2007 (13): 356 – 375.

［65］ Qian Sun, Wilson Tong. How does Government Ownership Effect Firm Per-formance? Evidence from China's Privatization Experience ［J］. Journal of Finance and Accounting, 2002, 29 (2): 1 – 27.

［66］ Randall K Anderson. Countervailing Duty Determinations under United States Trade Agreements Act of 1979 ［J］. European Management Journal, 1984, 2 (2): 67 – 72.

［67］ Robert E Lipsey, Merle Yahr Weiss. Foreign Production and Exports of In-dividual Firms ［Z］. NBER Reprints 0558, 1984.

［68］ Ronald B Davies, Benjamin Liebman. Self – Protection: Antidumping Du-ties, Collusion and FDI ［R］. University of Oregon Economics Department Working Papers, 2003.

［69］ Rosendorff, B Peter. Voluntary Export Restraints, Antidumping Procedure, and Domestic Politics [J]. The American Economic Review, 1996, 86 (3): 545 – 561.

[70] R Jones, H Kierzkowski. "The Role of Services in Production and International Trade: A Theoretical Framework", in R. W. Jones & A. O. Krueger, eds. Political Economy of International Trade [M]. Basil Blackwell, Oxford, 1990: 31 – 48.

[71] Sebastian G Kessing, Kai A Konrad, Christos Kotsogiannis. Fiscal Decentralization: Vertical, Horizontal, and FDI [J]. Economic Policy January, 2007 (1): 5 – 70.

[72] Sung – Hoon Lim. How Investment Promotion Affects Attracting Foreign Direct Investment: Analytical Argument and Empirical Analyses [J]. International Business Review, 2008 (1): 39 – 53.

[73] Sunghoon Chung, Joonhyung Lee, Thomas Osang. Did China Tire Safeguard Save U. S [J]. Workers European Economic Review, 2016 (85): 22 – 38.

[74] S Lael Brainard. A Simple Theory of Multinational Corporations and Trade with a Trade – Off Between Proximity and Concentration. NBER Working Papers 4269 [R]. National Bureau of Economic Research, Inc, 1993.

[75] Taylor, Christopher T. The Economic Effects of Withdrawn Antidumping Investigations: Is There Evidence of Collusive Settlements? [J]. Journal of International Economics. Elsevier, 2004, 62 (2): 295 – 312.

[76] Thomas J Prusa. On The Spread And Impact of Antidumping [R]. NBER Working Paper 7404, 1999.

[77] Weiqiong Zhong, Haizhong An, Xiangyun Gao, Xiaoqi Sun. The Evolution of Communities in the International Oil Trade Network [J]. Physica A: Statistical Mechanics and its Applications, 2014, 413 (1): 42 – 52.

[78] Yokota, Kazuhiko, Akinori Tomohara. A Decomposition of Factors Influencing Horizontal and Vertical FDI: A Separate Analysis [J]. Eastern Economic Journal, 2009, 35 (4): 462 – 478.

[79] Yothin Jinjarak. Foreign Direct Investment and Macroeconomic Risk [J]. Journal of Comparative Economics, 2007 (35): 509 – 519.

［80］Zhang Honglin，Markusen. Vertical Multinationals and Host－Country Characteristics ［J］. Journal of Development Economics，1999（59）：233－252.

［81］鲍晓华. 中国实施反倾销措施的经济效应分析 ［J］. 经济纵横，2004（1）：16－19.

［82］贲志红. 中国应对滥用贸易救济行为的策略选择 ［J］. 湖北经济学院学报，2013，12（10）.

［83］陈飞翔. 论适度保护 ［J］. 财贸经济，1997（5）：34－38.

［84］陈继勇，陈大波.“一带一路”沿线国家引进外资与国内投资的替代互补关系研究 ［J］. 湖北大学学报（哲学社会科学版），2020（1）：124－133.

［85］陈阳，王延明. 我国贸易投资一体化的实证研究 ［J］. 国际贸易问题，2007（12）：24－29.

［86］程大为，赵忠，王孝松. 美国发起对华贸易战的思想源起及影响前瞻 ［J］. 专稿，2019（9）.

［87］程婷，陈媛. 产品内分工影响中美产业内贸易的实证分析 ［J］. 统计与决策，2015（1）：144－147.

［88］戴魁早，方杰炜. 贸易壁垒对出口技术复杂度的影响——机制与中国制造业的证据 ［J］. 国际贸易问题，2019（12）.

［89］戴翔，张二震，王原雪. 特朗普贸易战的基本逻辑、本质及其应对 ［J］. 南京社会科学，2018（4）.

［90］戴翔，张二震. 中国出口技术复杂度真的赶上发达国家了吗 ［J］. 国际贸易问题，2011（7）.

［91］丁建明，方勇. 贸易投资一体化与当代外商直接投资新动向 ［J］. 国际贸易问题，2005（12）：91－93.

［92］范爱军，高敬峰. 产品内分工视角下的中国制造业比较优势分析 ［J］. 国际经贸探索，2008（3）：4－9.

［93］冯巨章. 国际反倾销报复表象分析 ［J］. 国际贸易问题，2009（12）：86－91.

［94］冯宗宪，柯大钢. 开放经济下国际贸易壁垒：变动效应、影响分析、政策研究 ［M］. 北京：经济科学出版社，2000.

［95］高敏雪，谷泓．外国直接投资统计基本定义剖析［J］．统计研究，2005（4）：47 – 50.

［96］高尚君．欧盟针对中国贸易救济调查的趋势及中国应对［J］．对外经贸实务，2020（2）．

［97］高新月，鲍晓华．反倾销如何影响出口产品质量？［J］．财经研究，2020（2）：21 – 35.

［98］高越．分割生产、垂直型投资与产业内贸易［J］．财经研究，2008（7）：53 – 58.

［99］葛和平．产品内分工、国际生产分割与服务业聚合——以服务外包为中间投入的中美服务贸易的实证检验［J］．上海经济研究，2014（6）：51 – 63.

［100］龚家友，滕玉华．中国反倾销实施中的投资跨越效应分析［J］．华东经济管理，2005（8）：12 – 16.

［101］郭卫军，黄繁华．东道国外商投资壁垒与中国对外直接投资［J］．世界经济研究，2020（5）：85 – 97.

［102］胡麦秀，周延云．跨越反倾销壁垒与引致的对外直接投资研究［J］．宁夏大学学报（人文社会科学版），2005（3）：109 – 116.

［103］华德亚，董有德．跨国公司产品内分工与我国的产业升级［J］．国际经贸探索，2007（8）：55 – 59.

［104］黄文俊，于江．反倾销是促进外国直接投资的重要因素［J］．WTO经济导刊，2004（7）：44 – 49.

［105］季凌炎．产品内贸易收入分配效应的行业差异研究［D］．南京师范大学，2019.

［106］金京，戴翔，张二震．全球要素分工背景下的中国产业转型升级［J］．中国工业经济，2013（11）．

［107］李波，刘洪铎．贸易边际，反倾销与中美产业内贸易——兼论中美贸易摩擦［J］．宏观质量研究，2019，7（1）．

［108］李君．中国反倾销效果实证分析——以丙烯酸酯为例［J］．云南财贸学院学报，2005（10）：52 – 57.

［109］李磊，漆鑫．我国对外反倾销威慑力能否有效抑制国际对华反倾销？

［J］．财贸经济，2010（7）：76－81＋137.

［110］李瑞琴．国际产品内贸易对中国工业技术进步和收入水平的影响——基于工业行业数据的经验分析［J］．世界经济研究，2013（5）：42－46＋88.

［111］李双杰，李众宜，张鹏杨．对华反倾销如何影响中国企业创新？［J］．世界经济研究，2020（2）：106－120＋137.

［112］廉勇．产业贸易层面的中美高新技术产品贸易测度与影响因素［J］．产经评论，2018，9（5）：55－68.

［113］梁志成．论国际贸易与外商直接投资的新型关系——对蒙代尔贸易与投资替代模型的重新思考［J］．经济评论，2001（2）：23－27.

［114］林学军，张文凤．贸易摩擦背景下外商直接投资对全球价值链的影响研究［J］．哈尔滨商业大学学报（社会科学版），2020（3）.

［115］刘爱东，梁洁．1995～2009年国外对华反倾销案件统计分析［J］．中南大学学报（社会科学版），2010（4）：73－78.

［116］刘友金，冀有幸，曾小明．对外直接投资与企业异质性升级——基于内生转换回归模型和边际处理效应模型的实证研究［J］．北京工商大学学报（社会科学版），2020（1）：12－25.

［117］刘志彪等．全球化经济中的生产非一体化——基于江苏投入产出表的实证研究［J］．中国工业经济，2005（7）：34－42.

［118］卢锋．产品内分工［J］．经济学（季刊），2004（10）：55－82.

［119］吕越，马嘉林，田琳．中美贸易摩擦对全球价值链重构的影响及中国方案［J］．国际贸易，2019（8）.

［120］马弘，秦若冰．美国经济的开放结构：兼论后危机时代美国贸易政策的转向［J］．当代美国评论，2020（1）.

［121］马野青，陈思，唐莹．当今世界经济新格局与中国开放型经济发展的环境［J］．南京大学学报（哲学·人文科学·社会科学版），2016（4）：33－41.

［122］马野青．贸易投资一体化条件下的贸易保护问题新探［J］．南京大学学报（哲学·人文科学·社会科学版），2003（2）：79－87.

［123］闵树琴，刘宁．中美产业内贸易研究［J］．牡丹江师范学院学报，

2018 (4).

[124] 蒲华林, 张捷. 产品内分工与产品内贸易: 一个基于汽车产品的实例分析 [J]. 国际贸易问题, 2006 (11): 29 - 34.

[125] 秦兴俊, 王柏杰. 产品内分工、加工贸易与我国对外贸易结构升级 [J]. 国际经贸探索, 2014, 30 (7): 37 - 46.

[126] 任祎卓. 产品内贸易对国际经济周期的传导研究 [D]. 浙江大学, 2016.

[127] 任志成, 戴翔. 产品内分工、贸易自由化与中国产业出口竞争力 [J]. 国际贸易问题, 2014 (4): 23 - 32.

[128] 尚明. 反倾销: WTO 规则及中外法律与实践 [M]. 北京: 法律出版社, 2003.

[129] 邵军, 李爽. 产品内贸易对亚太地区经济周期协同性的影响分析 [J]. 经济经纬, 2014, 31 (3): 48 - 53.

[130] 沈国兵. 显性比较优势与美国对中国产品反倾销的贸易效应 [J]. 世界经济, 2012 (12): 62 - 82.

[131] 盛洪. 分工与交易 [M]. 北京: 生活·读书·新知三联书店, 1991.

[132] 师建华. 谈国际贸易救济措施 (1~5) [J]. 汽车纵横, 2011 (5~9).

[133] 宋利芳. 中国的反倾销摩擦及其对策研究 [J]. 中国软科学, 2012 (2): 5 - 15.

[134] 苏振东, 侯铁珊, 逯宇铎. 基于改进 H - O 模型的投资一体化模型研究 [J]. 数量经济技术经济研究, 2005 (5): 89 - 100.

[135] 苏振东, 刘芳. 中国对外反倾销的经济救济效果评估 [J]. 世界经济研究, 2010 (1): 45 - 50 + 88.

[136] 孙好雨. 对外投资与对内投资: 替代还是互补 [J]. 财贸经济, 2019 (6): 117 - 130.

[137] 孙文远. 产品内国际分工的动因与发展效应分析 [J]. 管理世界, 2007 (2): 162 - 163.

[138] 唐宇. 反倾销保护引发的四种经济效应分析 [J]. 湖南社会科学,

2004（5）：102-104.

［139］田文.产品内贸易的定义、计量及比较分析［J］.财贸经济,2005（5）：77-79.

［140］田文.产品内贸易模式的决定与利益分配研究［J］.国际商务对外经济贸易大学学报,2005（5）：9-13.

［141］田政杰,董麓."逆全球化"背景下的中国对外贸易格局：问题与应对策略［J］.河南社会科学,2019,27（8）：65-71.

［142］童伟伟.中国自贸协定中的非关税措施条款分析［J］.对外经贸实务,2019（8）：44-47.

［143］屠新泉,李帅帅.非市场经济地位对中国对外贸易影响的量化分析——以美国对华反倾销为例［J］.国际经贸探索,2019（8）：104-122.

［144］王聪,林桂军."双反"调查与上市公司全球价值链参与——来自美国对华"双反"调查的经验证据［J］.国际金融研究,2019（12）：85-93.

［145］王顶.韩国对华反倾销的现状、特点及应对之策［J］.对外经贸实务,2019（8）：38-43.

［146］王冠楠.中美经济相互依赖及其非对称性研究［D］.吉林大学,2016.

［147］王海屹.分散化生产与贸易一体化研究——以全球化背景下的东亚为例［J］.现代商贸工业,2008（3）：29-33.

［148］王静.美国对外直接投资的发展及对我国的启示［J］.科技和产业,2020（4）：159-162.

［149］王开,佟家栋.贸易保护壁垒对出口产品的动态影响效应研究——来自中国对美国出口HS-6分位产品的证据［J］.南开经济研究,2020（2）.

［150］王兰娟.反倾销的对外投资激励效应研究［D］.浙江财经大学,2019.

［151］王孝松,吕越,赵春明.贸易壁垒与全球价值链嵌入——以中国遭遇反倾销为例［J］.中国社会科学,2017（1）.

［152］王孝松,施炳展,谢申祥,赵春明.贸易壁垒如何影响了中国的出口边际？——以反倾销为例的经验研究［J］.经济研究,2014（11）.

［153］魏浩，李翀，赵春明．中间品进口的来源地结构与中国企业生产率［J］．世界经济，2017，40（6）：48－71．

［154］我国发布丙烯酸酯反倾销期中复审立案公告［Z］．2004－07－06．

［155］吴福象．经济全球化中制造业垂直分离的研究［J］．财经科学，2005（3）：113－120．

［156］协天紫光，樊秀峰，黄光灿．东道国投资便利化建设对中国企业对外直接投资二元边际的影响［J］．世界经济研究，2020（4）：120－134．

［157］邢建国．贸易投资战略整合研究［M］．上海：上海交通大学出版社，2007．

［158］徐毅．要素分工与发展中国家经济发展［J］．世界经济研究，2007（9）：15－19．

［159］许培源，王倩．"一带一路"视角下的境外经贸合作区：理论创新与实证检验［J］．经济学家，2019（7）：60－70．

［160］薛荣久等．经济全球化与原产地统计问题——兼论中美贸易的统计差异［J］．国际贸易问题，1998（7）：10－14．

［161］亚当·斯密．国民财富的性质和原因的研究（上下卷）·中译本［M］．北京：商务印书馆，1983．

［162］杨成平，林卿．美国加征关税导致中国出口贸易转移了吗？——基于断点回归设计［J］．当代经济管理，2020，42（42）．

［163］杨卉．贸易质量相关研究综述［J］．经营与管理，2016（10）．

［164］杨励，张宇翔．美国贸易救济体系运作机制分析［J］．国际经济探索，2013，29（5）．

［165］杨仕辉，邓莹莹，谢雨池．美国反倾销贸易效应的实证分析［J］．财贸研究，2012（1）．

［166］杨仕辉，许乐生，邓莹莹．印度对华反倾销贸易效应的实证分析与比较［J］．中国软科学，2012（5）：48－57．

［167］杨挺，陈兆源，韩向童．2019年中国对外直接投资特征、趋势与展望［J］．国际经济合作，2020（1）：13－29．

［168］杨振兵，严兵．对外直接投资对产能利用率的影响研究［J］．数量

经济技术经济研究，2020（1）：102 - 121.

　　［169］于津平，郭晓菁．国外对华反倾销的经济与政治动因［J］．世界经济研究，2011（5）：20 - 26 + 87.

　　［170］于永达，戴天宇．反倾销理论与实务［M］．北京：清华大学出版社，2004.

　　［171］余萍，魏守道．基于报复角度的国际反倾销分析［J］．国际贸易问题，2012（8）：146 - 156.

　　［172］余振，陈鸣．贸易摩擦对中国对外直接投资的影响：基于境外对华反倾销的实证研究［J］．世界经济研究，2019（12）.

　　［173］袁其刚，闫世玲，部晨．腐败与外商直接投资：一个文献综述［J］．重庆交通大学学报（社会科学版），2020（1）：46 - 53.

　　［174］曾艳军．论反倾销中的替代国制度及我国的法律对策［J］．财经理论与实践，2020（2）：152 - 159.

　　［175］张斌．对华反补贴十年评估：2004～2013［J］．上海对外经贸大学学报，2015，22（1）.

　　［176］张斌．对华反补贴外部基准：十年案件的统计与比较［J］．国际贸易问题，2014（8）.

　　［177］张二震，马野青．贸易投资一体化与长三角的战略调整［M］．北京：人民出版社，2007.

　　［178］张二震，任志成．FDI与中国就业结构的演进［J］．经济理论与经济管理，2005（5）.

　　［179］张海霞．东亚产业内贸易与东亚国际生产分工网络浅析——以机械类产品为例［J］．亚太经济，2006（6）：77 - 83.

　　［180］张纪．产品内国际分工的内在动因——理论模型与基于中国省际面板数据的实证研究［J］．数量经济技术经济研究，2007（12）：39 - 47.

　　［181］赵春明，陈开军．对外直接投资如何促进贸易高质量发展［J］．开放导报，2020（2）：51 - 58.

　　［182］赵平，王欣．我国遭遇贸易摩擦的积极效应分析［J］．价格月刊，2020（5）.

［183］赵文丁. 新型国际分工格局下中国制造业的比较优势［J］. 中国工业经济，2003（8）：32－37.

［184］朱刚体. 交易费用市场效率与公司内国际贸易理论［J］. 经济学动态，1997（3）：109－116.

［185］朱庆华，唐宇. 中国反倾销措施实证分析［J］. 山东财政学院学报，2004（6）：81－84.

［186］朱伟，董有德. 贸易投资一体化下的非关税壁垒［J］. 工业技术经济，2005（6）：46－53.

［187］朱勇，王美静. 基于地域划分视角的我国反倾销调查研究［J］. 现代管理科学，2020（1）：15－17.

［188］祝福云，冯宗宪. 我国对外反倾销调查与外商在华直接投资研究［J］. 财贸研究，2006（6）：29－35.

［189］祝福云，申蓉蓉. 全球价值链视域下反倾销对我国企业生产率的影响［J］. 对外经贸，2019（12）.

［190］宗毅君. 国际产品内分工与进出口贸易——基于我国工业行业面板数据的经验研究［J］. 国际贸易问题，2008（2）：7－13.

附录1 全球反倾销立案调查数量和最终反倾销措施实施数量及其比例（1995～2007 年）[①]

年份	1995	1996	1997	1998	1999	2000	2001	2002	2003	2004	2005	2006	2007
全球反倾销数（A）	157	225	243	257	355	292	364	312	232	213	201	193	164
全球实施最终反倾销措施数（B）	119	92	125	170	185	227	167	216	221	151	131	137	107
执行率（B/A）（%）	75.8	40.1	51.4	66.1	46.5	77.7	45.9	69.2	95.3	70.9	65.2	71	65.0
修正的执行率 a（%）		58.6	55.6	70	72	63.9	57.2	59.3	70.8	65.1	61.5	68.2	55.4
修正的执行率 b（%）			79.6	75.6	76.1	88.3	47.0	74.0	60.7	48.4	56.5	64.3	52.3

注：修正的执行率 a=t 年的 B/（t-1）年的 A×100%，t 代表年份。修正的执行率 b 根据延迟两年的数据计算而得，即修正的执行率 b=t 年的 B/（t-2）年的 A×100%，t 代表年份。

[①] 转引自冯巨章。国际实施最终反倾销措施统计分析：1995～2006 年 [J]．统计研究，2008，25（3）．按照反倾销法程序规定，每一起案件从提起到最终裁定最少需要 18 个月，特殊情况下还可能延长至 24 个月，因此，本书对修正的执行率 a 进行再次修正，才可以相对准确地得出反倾销案件的执行发展趋势。

附录2 1997～2008年中国进口
反倾销情况一览表

编号	类型	状态	行业	国家与地区	调查对象
1	反倾销	立案	化工	日本、美国、欧盟	氯丁橡胶
2	反倾销	立案	化工	台澎金马单独关税区	锦纶6、66长丝产品
3	反倾销	立案	化工	日本、美国、德国、伊朗、马来西亚、中国台湾、墨西哥	乙醇胺
4	反倾销	立案	信息产业	美国、日本、韩国	非色散位移单模光纤
5	反倾销	终裁	轻工	加拿大、韩国、美国	新闻纸
6	反倾销	立案	化工	欧盟、韩国、美国、印度	三氯甲烷
7	反倾销	终裁	化工	日本、韩国	MDI产品
8	反倾销	立案	化工	日本、韩国、美国、中国台湾	苯酚
9	反倾销	终裁	化工	美国、日本	甲苯二异氰酸酯
10	保障措施	终裁	冶金	美国	部分钢铁产品
11	反倾销	终裁	化工	日本、比利时	己内酰胺
12	反倾销	终裁	化工	韩国	聚酯切片
13	反倾销	终裁	化工	欧盟	邻苯二酚
14	反倾销	立案	化工	韩国、马来西亚	丙烯酸酯
15	反倾销	立案	化工	美国、韩国	饲料级L－赖氨酸盐酸盐
16	反倾销	终裁	化工	韩国	涤纶短纤维
17	反倾销	立案	化工	韩国、日本	聚苯乙烯
18	反倾销	终裁	轻工	美国、日本	铜版纸
19	反倾销	立案	化工	韩国、英国	二氯甲烷

续表

编号	类型	状态	行业	国家与地区	调查对象
20	反倾销	终裁	化工	日本、美国	丙烯酸酯
21	反倾销	终裁	化工	印度、日本	邻苯二甲酸酐
22	反倾销	立案	冶金	日本、韩国	不锈钢冷轧薄板
23	反倾销	终裁	化工	俄罗斯、韩国	丁苯橡胶
24	反倾销	终裁	化工	韩国	聚酯薄膜
25	反倾销	终裁	冶金	俄罗斯、韩国	冷轧板卷
26	反倾销	终裁	化工	俄罗斯、美国	聚氯乙烯
27	反倾销	终裁	冶金	俄罗斯	冷轧硅钢片
28	反倾销	立案	轻工	加拿大、韩国、美国	新闻纸
29	反倾销	立案	化工	俄罗斯、日本	三氯乙烯
30	反倾销	立案	化工	日本、俄罗斯、新加坡、韩国和中国台湾	双酚 A
31	反倾销	立案	化工	日本、美国、英国和德国	初级形态二甲基环体硅氧烷
32	反倾销	立案	化工	美国、韩国和荷兰	进口三元乙丙橡胶
33	反倾销	立案	化工	日本、欧盟和美国	呋喃酚
34	反倾销	立案	轻工	日本和韩国	核苷酸类食品添加剂
35	反倾销	立案	化工	俄罗斯、韩国、日本和美国	环氧氯丙烷
36	反倾销	立案	化工	日本、新加坡、韩国、美国和中国台湾	氨纶
37	反倾销	立案	化工	美国、日本	邻苯二酚
38	反倾销	立案	化工	日本和中国台湾	PBT 树脂
39	反倾销	立案	化工	美国和欧盟	耐磨纸
40	反倾销	立案	化工	韩国、沙特阿拉伯、日本、欧盟和印度尼西亚	进口辛醇
41	反倾销	立案	化工	日本、新加坡、韩国和中国台湾	进口丙酮
43	反倾销	立案	化工	俄罗斯、美国、南非、马来西亚、欧盟和日本	进口丁醇
44	反倾销	立案	化工	印度和中国台湾	进口壬基酚
45	反倾销	立案	轻工	欧盟	进口马铃薯淀粉
46	反倾销	立案	电子	日本	进口电解电容器纸
47	反倾销	立案	化工	印度	进口磺胺甲噁唑
48	反倾销	立案	化工	日本、韩国、新加坡和中国台湾	进口双酚 A

 国际贸易救济与外商直接投资的相互影响研究

续表

编号	类型	状态	行业	国家与地区	调查对象
49	反倾销	立案	化工	日本、中国台湾和新加坡	进口甲乙酮
50	反倾销	立案	化工	日本、新加坡、韩国和中国台湾	进口丙酮
51	反倾销	立案	化工	韩国和泰国	进口初级形态二甲基环体硅氧烷
52	反倾销	立案	电子	日本	进口气相色谱—质谱联用仪
53	反倾销	立案	化工	沙特阿拉伯和中国台湾	进口1,4-丁二醇
54	反倾销	立案	化工	韩国、欧盟和美国	进口己二酸
55	反倾销	立案	化工	美国、意大利、英国、法国和中国台湾	进口聚酰胺-6,6切片
56	反倾销	立案	化工	欧盟	碳钢紧固件

· 158 ·

附录 3 国际贸易与外商直接投资重叠性关系矩阵

产业及HS分类			T1	T2	T3	T4	T5	T6	T7	T8	T9	T10	T11	T12	T13	T14	T15	T16	T17	T18	T19	T20
国际直接投资产业	I1	农	(1,1)	(1,1)	(1,1)	(1,1)	(0,1)	(0,1)	(0,1)	(0,1)	(0,1)	(0,1)	(1,1)	(0,1)	(0,1)	(0,1)	(0,1)	(0,1)	(0,1)	(0,1)	(0,1)	(0,1)
		林	(1,0)	(1,1)	(1,1)	(1,1)	(0,1)	(0,1)	(0,1)	(0,1)	(0,1)	(0,1)	(1,1)	(0,1)	(0,1)	(0,1)	(0,1)	(0,1)	(0,1)	(0,1)	(0,1)	(0,1)
		牧	(0,1)	(0,1)	(0,1)	(1,1)	(0,1)	(0,1)	(0,1)	(0,1)	(1,1)	(1,1)	(0,1)	(0,1)	(0,1)	(0,1)	(0,1)	(0,1)	(0,1)	(0,1)	(0,1)	(0,1)
		渔	(0,1)	(0,1)	(0,1)	(1,1)	(0,1)	(0,1)	(0,1)	(0,1)	(0,1)	(0,1)	(0,1)	(0,1)	(0,1)	(0,1)	(0,1)	(0,1)	(0,1)	(0,1)	(0,1)	(0,1)
	I2		(0,1)	(0,1)	(0,1)	(0,1)	(1,1)	(1,1)	(1,1)	(1,1)	(1,1)	(0,1)	(0,1)	(0,1)	(0,1)	(0,1)	(0,1)	(0,1)	(0,1)	(0,1)	(0,1)	(0,1)
	I3		(0,1)	(0,1)	(0,1)	(0,1)	(1,1)	(1,1)	(1,1)	(1,1)	(1,1)	(0,1)	(1,1)	(1,1)	(1,1)	(1,1)	(0,1)	(0,1)	(0,1)	(1,1)	(0,1)	(0,1)
	I4		(1,1)	(0,1)	(0,1)	(1,1)	(0,1)	(0,1)	(1,1)	(0,1)	(0,1)	(0,1)	(0,1)	(0,1)	(0,1)	(0,1)	(0,1)	(0,1)	(0,1)	(0,1)	(0,1)	(0,1)
	I5		(0,1)	(0,1)	(0,1)	(0,1)	(0,1)	(0,1)	(0,1)	(0,1)	(0,1)	(0,1)	(0,1)	(0,1)	(0,1)	(0,1)	(0,1)	(0,1)	(1,1)	(0,1)	(0,1)	(0,1)
	I6		(1,1)	(1,1)	(1,1)	(1,1)	(1,1)	(1,1)	(1,1)	(1,1)	(1,1)	(1,1)	(1,1)	(1,1)	(1,1)	(1,1)	(1,1)	(1,1)	(1,1)	(1,1)	(1,1)	(1,1)

可贸易品

续表

产业及HS分类	T1	T2	T3	T4	T5	T6	T7	T8	T9	T10	T11	T12	T13	T14	T15	T16	T17	T18	T19	T20
I7	(1,1)	(1,1)	(1,1)	(1,1)	(1,1)	(1,1)	(1,1)	(1,1)	(1,1)	(1,1)	(1,1)	(1,1)	(1,1)	(1,1)	(1,1)	(1,1)	(1,1)	(1,1)	(1,1)	(0,1)
I8	(1,1)	(1,1)	(1,1)	(1,1)	(1,1)	(1,1)	(1,1)	(1,1)	(1,1)	(1,1)	(1,1)	(1,1)	(1,1)	(1,1)	(1,1)	(1,1)	(1,1)	(1,1)	(1,1)	
I9	(0,1)	(0,1)	(0,1)	(0,1)	(0,1)	(0,1)	(0,1)	(0,1)	(0,1)	(0,1)	(0,1)	(0,1)	(0,1)	(0,1)	(0,1)	(0,1)	(0,1)	(0,1)	(0,1)	(0,1)
I10	(0,1)	(0,1)	(0,1)	(0,1)	(0,1)	(0,1)	(0,1)	(0,1)	(0,1)	(0,1)	(0,1)	(0,1)	(0,1)	(0,1)	(0,1)	(0,1)	(0,1)	(0,1)	(0,1)	(0,1)
I11	(0,1)	(0,1)	(0,1)	(0,1)	(0,1)	(0,1)	(0,1)	(0,1)	(0,1)	(0,1)	(0,1)	(0,1)	(0,1)	(0,1)	(0,1)	(0,1)	(0,1)	(0,1)	(0,1)	(0,1)
I12	(0,1)	(0,1)	(0,1)	(0,1)	(0,1)	(0,1)	(0,1)	(0,1)	(0,1)	(0,1)	(0,1)	(0,1)	(0,1)	(0,1)	(0,1)	(0,1)	(0,1)	(0,1)	(0,1)	(0,1)

（国际直接投资产业；可贸易品）

注：①关于投资品，这里按照海关分类初步考虑国际贸易与外商直接投资品的产业分布重叠性。海关分类用中国海关税则分类，国际投资品的产业分类依照中国吸引外资目录。为表述方便，我们用 T 表示贸易品产业领域，依照海关分类法，分别表示为 T1，T2，…，T20（其中 HS 目录中武器弹药类因其特殊性而不予考虑）。投资品编码，采用鼓励外商投资目录编码顺序，分别表示为 I1，I2，…，I12（参照外商投资产业目录，2007 年修订版）。②投资产业分类代码对照。

附录4 中国反倾销产品与外商投资化工产品重叠性对照表

序号	被反倾销的化学品	化工行业外商投资品	投资产品目录
1	氯丁橡胶	—	是
2	锦纶6、66长丝产品	—	是
3	乙醇胺	—	是
4	非色散位移单模光纤	—	—
5	三氯甲烷	—	—
6	MDI产品	是	是
7	苯酚	是	是
8	甲苯二异氰酸酯	是	是
9	己内酰胺	—	是
10	聚酯切片	—	是
11	邻苯二酚	—	是
12	丙烯酸酯	是	是
13	饲料级L－赖氨酸盐酸盐	是	是
14	涤纶短纤维	—	是
15	聚苯乙烯	是	是
16	二氯甲烷	—	是
17	丙烯酸酯	是	是
18	邻苯二甲酸酐	是	是
19	丁苯橡胶	是	是
20	聚酯薄膜	是	是
21	聚氯乙烯	是	是

续表

序号	被反倾销的化学品	化工行业外商投资品	投资产品目录
22	三氯乙烯	是	是
23	双酚 A	—	是
24	初级形态二甲基环体硅氧烷	—	是
25	进口三元乙丙橡胶	—	是
26	呋喃酚	是	是
27	核苷酸类食品添加剂	—	是
28	环氧氯丙烷	—	—
29	氨纶		
30	邻苯二酚	是	是
31	PBT 树脂	是	是
32	进口辛醇	—	是
33	进口丙酮	—	是
34	进口丁醇	—	是
35	进口壬基酚	—	是
36	进口磺胺甲噁唑	—	—
37	进口双酚 A	是	是
38	进口甲乙酮	是	是
39	进口丙酮	是	是
40	初级形态二甲基环体硅氧烷	—	是
41	进口 1, 4 - 丁二醇	是	是
42	进口己二酸	是	是
43	进口聚酰胺 - 6, 6 切片	—	是

注：标注为"是"的是指重叠性的产品，未标明产品为未有投资或未列入鼓励投资的产业目录。

附录5 1979~2008 年中国利用外国直接投资情况表[①]

单位：亿美元

年份	合同外资金额	合同外资金额 环比年增长率（%）	实际利用 外资金额	实际利用外资金额 环比年增长率（%）
总计	16680.69 *		9658	
1979~1982	49.50		17.96	
1983	19.17		9.16	
1984	28.75	49.97	14.19	54.91
1985	63.33	120.28	19.56	37.84
1986	33.30	−47.42	22.44	14.72
1987	37.09	11.38	23.14	3.12
1988	52.97	42.81	31.94	38.03
1989	56.00	5.72	33.93	6.23
1990	65.96	17.79	34.87	2.77
1991	119.77	81.58	43.66	25.21
1992	501.24	305.3	110.00	152.13
1993	1114.36	91.72	275.15	149.95

[①] http：//www.fdi.gov.cn/pub/FDI/wztj/lntjsj/wstzsj/2007nzgwztj/t20081110_ 99071.htm.

续表

年份	合同外资金额	合同外资金额 环比年增长率（％）	实际利用 外资金额	实际利用外资金额 环比年增长率（％）
1994	826.0	−25.0	337.67	22.72
1995	912.82	10.4	375.21	11.12
1996	732.76	−19.73	417.26	11.21
1997	510.03	−30.4	452.57	8.46
1998	521.02	2.15	454.63	0.46
1999	412.23	−20.88	403.19	−11.31
2000	623.8	51.32	407.15	0.98
2001	691.95	10.92	460.70	15.14
2002	847.51	22.48	550.11	17.35
2003	1169.01	37.93	561.40	20.5
2004	1534.79	33.38	606.30	13.32
2005	1890.65	23.18	603.25	−0.5
2006	2001.74	5.88	696.48	15.14
2007			826.58	7.23
2008			923.95	23.58

附录6 全球实施最终反倾销措施的国家或地区分布、案件数（1995～2008年）

国家或地区	实施反倾销措施案件数	排序	被实施反倾销措施案件数	排序
印度	372	1	81	9
欧盟	252	2	301*	2
美国	245	3	112	5
阿根廷	165	4	15	
南非	124	5	36	14
土耳其	113	6	24	18
中国	108	7	441	1
加拿大	88	8	13	
墨西哥	81	9	26	15
澳大利亚	72	10	8	
巴西	78	11	73	11
韩国	56	12	146	3
埃及	50	13	5	
秘鲁	45	14		
印度尼西亚	34	15	77	10
泰国	28	16	82	8
马来西亚	25	17	49	13
委内瑞拉	25	17	12	

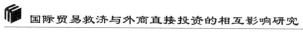

续表

国家或地区	实施反倾销措施案件数	排序	被实施反倾销措施案件数	排序
新西兰	22	19	3	
以色列	19	20	5	
中国台湾	4		118	4
日本	3		105	6
俄罗斯	0		88	7
乌克兰	4		50	12
罗马尼亚	0		25	15
新加坡	2		30	17
哈萨克斯坦	0		20	19
智利	7		11	20

附录7 2007 年中国吸引外资产业分布一览表

行业名称	项目数	比重（%）	合同外资金额（亿美元）	比重（%）
总计	632348	100	17323.39	100
农、林、牧、渔业	17520	1.77	326.05	1.88
采矿业	1497	0.24	74.21	0.43
制造业	442249	69.94	10788.68	62.28
电力、燃气及水的生产和供应业	2226	0.35	208.90	1.21
建筑业	11568	1.83	338.67	1.95
交通运输、仓储和邮政业	7930	1.25	421.59	2.43
信息传输、计算机服务及软件业	5885	0.93	146.35	0.84
批发和零售业	38869	6.15	518.85	3.00
住宿和餐饮业	4379	0.69	113.85	0.66
金融业	296	0.05	315.62	1.82
房地产业	48670	7.70	2853.11	16.47
租赁和商务服务业	27504	4.35	686.33	3.96
科学研究、技术服务和地质勘查业	7834	1.24	133.62	0.77
水利、环境及公共设施管理业	589	0.09	42.63	0.25
居民服务和其他服务业	11419	1.81	219.18	1.27
教育	1634	0.26	30.80	0.18
卫生、社会保障和社会福利业	1280	0.20	59.18	0.34
文化、体育和娱乐业	992	0.16	45.41	0.26
公共管理和社会组织	6	0.00	0.35	0.00
国际组织	1	0.00	0.00	0.00

资料来源：商务部外资统计。

附录8　巴斯夫公司在华投资项目股权一览表

公司名称	巴斯夫所占股权（%）
巴斯夫染料化工有限公司	100
巴斯夫维生素有限公司	98
巴斯夫华源尼龙有限公司	90
巴斯夫展宇聚胺酯（中国）有限公司	70
巴斯夫上海涂料有限公司	60
巴斯夫吉化新戊二醇有限公司	60
扬子巴斯夫苯乙烯系列有限公司	60
上海高桥巴斯夫分散体有限公司	50
南京巴斯夫	50
上海 TDI、MDI 项目	70

资料来源：巴斯夫公司官方资料。

附录9 外商投资产业指导目录（化工制造部分）

（2007 年修订）

化工制造：

1. 年产 80 万吨及以上规模乙烯生产（中方相对控股）。

2. 乙烯下游产品衍生物的加工制造和乙烯副产品 C4 – C9 产品（丁二烯生成合成橡胶除外）的综合利用。

3. 年产 20 万吨及以上聚氯乙烯树脂生产（乙烯法）。

4. 钠法漂粉精、聚氯乙烯和有机硅深加工产品生产。

5. 苯、甲苯、二甲苯、乙二醇等基本有机化工原料及其衍生物生产。

6. 合成材料的配套原料：双酚 A 生产、过氧化氢氧化丙烯法生产环氧丙烷。

7. 合成纤维原料：精对苯二甲酸、己内酰胺、尼龙 66 盐、熔纺氨纶树脂生产。

8. 合成橡胶：溶液丁苯橡胶（不包括热塑性丁苯橡胶）、丁基橡胶、异戊橡胶、聚氨酯橡胶、丙烯酸橡胶、氯醇橡胶、乙丙橡胶、丁腈橡胶，以及氟橡胶、硅橡胶等特种橡胶生产。

9. 工程塑料及塑料合金：聚苯醚（PPO）、工程塑料尼龙 11 和尼龙 12、聚酰亚胺、聚砜、聚芳酯（PAR）、液晶聚合物等产品生产。

10. 精细化工：催化剂、助剂、添加剂新产品、新技术，染（颜）料商品化加工技术，电子、造纸用高科技化学品，食品添加剂、饲料添加剂，皮革化学品（N – N 二甲基甲酰胺除外）、油田助剂，表面活性剂，水处理剂，胶黏剂，无机纤维、无机纳米材料生产，颜料包膜处理深加工。

11. 低滞后高耐磨炭黑生产。

12. 环保型印刷油墨、环保型芳烃油生产。

13. 天然香料、合成香料、单离香料生产。

14. 高性能涂料、水性汽车涂料及配套水性树脂生产。

（其余项目略）

化学纤维制造业：

1. 差别化化学纤维及芳纶、碳纤维、高强高模聚乙烯、聚苯硫醚（PPS）等高新技术化纤生产。

2. 新溶剂法纤维素纤维等环保型化纤的生产。

3. 纤维及非纤维用新型聚酯生产：聚对苯二甲酸丙二醇酯（PTT）、聚葵二酸乙二醇酯（PEN）、聚对苯二甲酸丁二醇酯（PBT）。

4. 利用可再生资源、生物质工程技术生产的新型纤维材料生产：聚乳酸纤维 PLA、生物法多元醇 PDO 纤维等。

5. 单线生产能力日产 100 吨及以上聚酰胺生产。

6. 子午胎用芳纶纤维及帘线生产。

附录 10 石油化工产业链

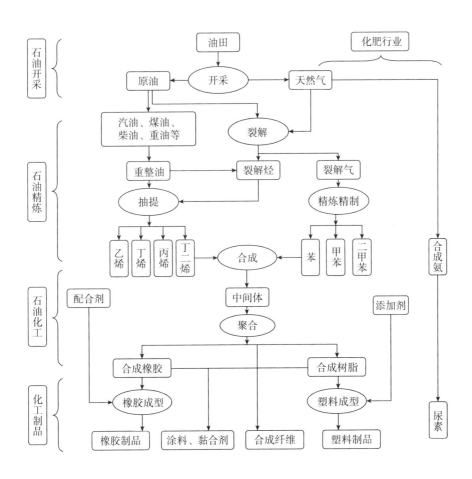

附录11　石油化工产业链和技术路线图

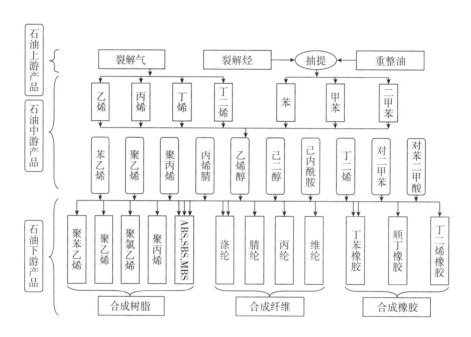

注：在石油下游产品中仅注明了1997～2008年中国进口反倾销情况一览表中常见的高聚物，未标溶剂。

后　记

　　本书是以导师冯宗宪教授的悉心指导下完成的博士论文为基础的。回想当年在攻读博士学位的学习生活中，我在导师的教导和关心下完成了学习任务，是在导师的带领下走进经济学的殿堂，先后参与了多项国家级课题的研究工作。这些年的学习中，导师还给我提供了参与国际合作项目的宝贵机会，协助导师举办国际学术会议，并有幸随恩师赴欧洲大陆主要国家调研考察，开阔了视野、提高了素质。在这里我要首先感谢恩师的教诲，其不仅使我学到了知识，而且使我更懂得要以高风亮节、学风严谨、开拓创新、精益求精的科研作风要求自己，取得更大的进步。

　　在本书的选题、方案制定、实施以及内容撰写的过程中，无不渗透着导师大量的心血，导师敏锐的学术思维、渊博的学识、忘我的工作精神，使我受益多，尤其是导师对国内外学术前沿与动态把握的娴熟程度令我深感佩服！本书的新视角也是在导师启发下选定的。同时，导师为我提供了良好的工作条件和学习机会，这些我都终生难忘，在本书完稿之际，谨对导师的辛勤培养致以崇高的敬意和衷心的感谢！

　　在写作过程中，西安交通大学经济与金融学院院长冯根福教授、邱长溶教授、冯涛教授、魏玮教授、樊秀峰教授，西安交通大学司国安研究员及美国康奈尔大学 Henry Wan 教授、华盛顿大学王家尧教授、美国伊利诺伊州立大学张宏霖教授、日本国际大学刑予清教授、荷兰莱顿大学 Rechard Griffiths 教授、德国杜伊斯堡大学 Hyduke 教授、西安理工大学薛伟贤教授、山西师范大学郭根龙教授、华南师范大学曹宗平教授等专家对本书的构思提供了建设性建议和有益的启发。

另外，感谢西安外国语大学的历届领导和同事的大力支持和鼓励！在这里一并表示诚挚的感谢！

还有很多对我提供过无私的帮助，我没有说出姓名的人，感谢你们！我唯有在将来向需要帮助和关心的人伸出自己无私的双手，传承这人间大爱，才可以回报我所接受的帮助和鼓励！

在此，我还要感谢多年来一直默默无闻支持我的家人，我的父母在我上学期间为了不给我增加思想负担，他们生病时从来都不告诉我，我的弟弟和妹妹替我分担了我应尽的义务，让我深感父母对儿子无私的爱和弟弟妹妹的良苦用心。每想到此，心中不甚愧疚！

同时，还要感谢在本书付梓出版之时，经济管理出版社张巧梅编辑的辛勤付出，把原本粗糙的原文打磨成了可读性大大增强的文字内容，也要感谢经济管理出版社的各级领导的支持和帮助。我的研究生刘宜圆、宁明、许克群、张霄瑜等也参与了资料收集、数据整理和其他相关工作，在这里一并表示感谢。

在本书的写作过程中，给我最大支持的是我的妻子廖敏老师。在我上学的初期，她在攻读硕士学位，她不仅要学习，还要照顾儿子，几乎承担了全部的家务，还要在我苦闷、压抑的时候不断宽慰我、鼓励我，尽管她工作压力也很大，但她都毫无怨言地承受着，尽可能给我提供良好的学习环境。在这里我深表感激！

在我的求学生涯中，我的学友李冰洁博士、马若鹏、陈军、贺超、尚涛博士、宋亚楠博士、竺丛强、姜昕、于璐遥、向洪金都曾给予我各种帮助，在此表示感谢。

受限于本人的知识结构和研究能力，本书难免存在错误与疏漏之处，恳请读者不吝批评指正。